Anita Braun

Ich glaube nur, was ich fühle!

Anita Braun

Ich glaube nur, was ich fühle!

AD(H)S – Ein leiser/lauter Aufschrei
kerngesunder Kinder?

Zwischenmenschliche Beziehungen verstehen -
Kommunikation auf der Seelenebene

BoD Verlag

© 2012 Anita Braun
2. Auflage 2013
Alle Rechte vorbehalten
Herstellung und Verlag:
BoD – Books on Demand
ISBN 978-3-8482-0494-6

INHALT

Herzlichen Dank

Meinen Kindern, die sich hartnäckig weigerten so angepasste Kinder zu werden und zu sein, wie es ihr Umfeld von ihnen einforderte.

Meinem Sohn für seinen Standard-Spruch, mit dem er Erwachsene immer wieder konfrontiert: „Du machst doch selbst nicht, was du von mir verlangst, dass ich es tun soll."

Allen Kindern, die ich ein Stück ihres Weges begleiten und von ihnen lernen durfte.

Meinen Eltern, die so unterschiedlich wie Tag und Nacht in ihren Überzeugungen sind, wie man zu sein hat, damit man ein anständiger Mensch ist. Die Erfahrung über Jahrzehnte zwischen ihren Vorstellungen und meinem eigenen Gefühl hin und her gerissen zu sein, hat es mir letztendlich ermöglicht die Botschaft meiner Kinder zu verstehen und heute so wie die Kinder nur noch zu glauben, was ich fühle.

Meiner Freundin, die mir immer wieder Mut gemacht hat und die mich und die Kinder liebe- und verständnisvoll durch alle Höhen und Tiefen unseres Lebens begleitet.

Meiner Freundin, die mir im Alltag den Rücken frei hält und es mir damit ermöglicht, Eltern und Kinder zu begleiten und dieses Buch zu schreiben.

Vorwort

Angeregt von einer sehr gelungenen Fachtagung zum Thema AD(H)S im Mai 2012 und den vielen emotionalen Wortmeldungen betroffener Mütter und ebenso von Menschen, die unsere Kinder in Kitas, Schulen oder therapeutischen Einrichtungen begleiten, ist dieses Buch entstanden.

Es ist eine Zusammenfassung dessen, was ich als ehemals ebenfalls betroffene Mutter <u>von meinen Kindern ab dem Moment lernen durfte, als ich den Mut hatte, ihnen mit meinem Herzen zu zu hören</u> und alles über Bord zu werfen, was man mir als Kind und auf meinem Lebensweg über „richtig" und „falsch", über das, was man tut oder was man eben nicht tut, beigebracht hat.

In diesem Zusammenhang möchte ich **die Aufforderung meines Sohnes** weiter geben, sich kritisch mit den Konditionierungen unserer Gesellschaft und den vielen „Muss" und Normen auseinander zu setzen. Verbunden **mit seiner Bitte**, den Kindern mit dem gleichen Respekt und der gleichen Wertschätzung zu begegnen, welche wir Erwachsenen von ihnen erwarten und oft auf fragwürdige Art und Weise einfordern.

Im Nachfolgenden möchte ich <u>einen groben Überblick über eine sehr komplexe Thematik</u> geben. Ich werde nur die Blickwinkel aufgreifen, die ich im Kontext dieses Buches für wichtig halte. Mit Blick auf die Individualität eines jeden Menschen und seines

Lebensweges ist es unmöglich allen Ebenen von möglichen Zusammenhängen und Auswirkungen Rechnung zu tragen. Möglicherweise vorhandene Verallgemeinerungen und Vereinfachungen sollen lediglich helfen, den Überblick zu behalten und mögen frei von Be- und Verurteilung betrachtet werden.

Heute sagte ein 6-jähriges Mädchen zu mir: „Du hast meiner Mama Mut gemacht keine Angst zu haben auf ihr Herz zu hören."

Möge dieses Buch auch Ihnen Mut machen, die Welt aus der Sicht eines Kinderherzens, jenseits von „richtig" und „falsch" dafür mit der ganzen Vielfalt Ihrer Gefühle und dem unerschütterlichen Vertrauen in Ihre eigene Souveränität, zu betrachten.

Ist AD(H)S eine Krankheit?

Über den Sinn und den Unsinn AD(H)S als Krankheitsbild zu betrachten und entsprechend zu diagnostizieren gibt es ausreichend Literatur, die uns eine kritische Auseinandersetzung mit diesem Thema ermöglicht. Es ist nicht Ziel meines Buches, diese Diskussion hier weiter zu führen.

Sicherlich gibt es auch viel Literatur, die sich damit auseinandersetzt, was Krankheit als solches ist und wie eine Krankheit entsteht.

Auf dieses Thema möchte ich jedoch kurz eingehen und Sie mit meiner Sichtweise und meiner Bedeutungsgebung der Begriffe „Krankheit" und „Gesundheit" vertraut machen.

Die Definition der Weltgesundheitsorganisation (WHO) lautet:

„Gesundheit ist nicht alleine die Abwesenheit von Krankheit sondern das völlige geistige, körperliche, seelische und soziale Wohlbefinden."

Wenn uns jemand sagt, er wäre krank und wir fragen nach, was er denn hätte, bekommen wir meistens eine Reihe körperlicher Symptome aufgezählt wie z.B. Erkältung, Fieber, Hals-, Kopf- oder Rückenschmerzen usw.

Krankheit wird in der Regel mit körperlichem Unwohlsein in Verbindung gebracht, als Folge von z.B. Ansteckung oder Durchzug.

Hinterfragt man die Tatsache, dass sich nicht alle Familienmitglieder angesteckt haben und nicht ebenfalls erkrankt sind, wird dies auf ein besser funktionierendes Immunsystem der gesund gebliebenen Familienmitglieder zurückgeführt.

Welche äußeren Faktoren das Immunsystem stärken beziehungsweise schwächen können, dürfte allgemein bekannt sein.

Ein auf den ersten Blick oft nicht direkt erkennbarer Faktor ist <u>Stress</u>. Er hat viele verschiedene Erscheinungsformen und ist für mich der <u>Hauptverursacher von Krankheiten</u> oder Schmerzen.

<u>Stress entsteht immer dort, wo wir unsere ganz persönlichen Leistungs- und Belastungsgrenzen überschreiten.</u> Diese Grenzen in allen Bereichen (körperlich, seelisch, geistig, sozial) erkennen und adäquat „verteidigen" zu können setzt eine bewusste, feine Wahrnehmung für uns selbst, unsere Bedürfnisse und unsere Handlungsspielräume voraus.

Überschreiten wir über einen längeren Zeitraum wiederholt unsere Grenzen in einem oder mehreren der oben genannten Bereiche, führt dies früher oder später zu einer Störung des körperlichen und seelischen Wohlbefindens, welche sich durch Symptome des Körpers und/oder der Psyche zeigt.

12

Diese sicht- und spürbaren Symptome werden als Krankheit bezeichnet.

Wenn wir unsere **körperlichen Belastungsgrenzen** überschreiten, bekommen wir meist sehr schnell eine Rückmeldung – es tut weh. Der Körper sagt Stopp, hier ist die Grenze. In der Folge haben wir die Wahl, auf sein Warnsignal einzugehen und uns zurück zu nehmen oder das Warnsignal zu ignorieren und die Grenzen bewusst zu überschreiten.

Was aber passiert, wenn wir unsere **seelischen Belastungsgrenzen** überschreiten? Sind die Rückmeldungen unserer Seele wirklich immer so klar und deutlich als Warnsignal wahrnehmbar, dass wir eine Wahl haben, bewusst zu entscheiden, ob wir unsere Grenzen überschreiten oder ob wir uns zurück nehmen und gut für uns sorgen wollen?!

Mit welcher Sprache sagt die Seele Stopp, hier ist die Grenze? Sie sagt es in ihrer Sprache – sie teilt ihre Bedürfnisse und ihr Befinden über Gefühle mit.

Kinder sind noch viel weniger als wir Erwachsenen in der Lage ihre Gefühle und damit auch einen großen Teil ihrer Bedürfnisse verstandesmäßig (bewusst) zu erfassen, in Worte zu packen und für Dritte gut verständlich auszudrücken.

Sie reagieren einfach nur ganz natürlich, wenn sie unreflektiert emotional handeln. Es ist ein langer Entwicklungsprozess, der viel Geduld und Einfühlungsvermögen erfordert, die Kinder so zu begleiten, dass sie lernen können, ihre Bedürfnisse und Gefühle „vernünftig" zu äußern.

Es gibt viele Faktoren, die den notwendigen Lern- und Entwicklungsprozess behindern und in der Folge zu einer AD(H)S-Diagnose führen können. Auf einige dieser Faktoren werde ich noch ausführlich eingehen.

Aufgrund meiner Berufs- und Lebenserfahrung betrachte ich <u>Krankheiten – auch und gerade AD(H)S - als die sicht- und spürbare Aufforderung der Seele, bewusst hinzufühlen und wahrzunehmen, womit sie Stress hat.</u>

Bevor sich körperliche Symptome oder Verhaltens- auffälligkeiten zeigen, gab es eine Zeitspanne, in der die über das Gefühl gemeldeten seelischen Grenzen nicht ausreichend respektiert und immer wieder aktiv oder passiv überschritten wurden.

Gefühle können sehr subtil sein. Sie befinden sich im Inneren eines Menschen. Man kann sie weder sehen noch anfassen und sie entziehen sich regelmäßig unserer bewussten Wahrnehmung. Dies gilt für unsere eigenen Gefühle genauso, wie für die Gefühle unserer Mitmenschen. Werden die gefühlten „Stopp-Schilder" nicht wahrgenommen, entsteht immer wieder neuer Stress. Dieser soll jedoch verhindert werden – also zeigen sich gut sicht- und spürbare „Stopp-Schilder", die sich unserer bewussten Wahrnehmung nicht mehr so leicht entziehen können.

Gelingt es uns, die Botschaft dieser „Stopp-Schilder", also das Bedürfnis der Seele, bewusst wahrzunehmen und in der Folge unsere innere Einstellung und/oder die äußeren Umstände entsprechend zu verändern, verschwindet die Krankheit innerhalb kürzester Zeit, manchmal sogar von einem Moment auf den anderen.

Hierzu stellvertretend für viele andere ähnliche Erfahrungen ein Beispiel aus meinem Alltag:

Entzündungen der Nebenhöhlen werden meist mit Antibiotika behandelt. Meine Erfahrung zeigt, dass die Berührung mit bestimmten stressbeladenen Lebensthemen zu einer Nebenhöhlen-Entzündung mit heftigen Schmerzen führen kann. Gelingt es das Lebensthema zu entstressen, das heißt eine Veränderung der inneren Einstellung zu bewirken, die das erneute Überschreiten der seelischen Grenzen verhindert, verschwinden die körperlichen Symptome (also die Entzündung und die Schmerzen) ohne die Gabe von Medikamenten oder Naturheilmitteln, innerhalb von wenigen Stunden vollständig.

Sind wir stressfrei, verfügen wir über ausgezeichnete Selbstheilungskräfte.

Das Wissen um Ursache und Wirkung

Alles, was wir tun oder unterlassen zu tun, hat Konsequenzen. Eine Gesetzmäßigkeit im Außen, die wir alle gut kennen.

Auch alle unsere Gedanken haben Konsequenzen. Eine Gesetzmäßigkeit im Innen, welcher oft viel zu wenig Aufmerksamkeit geschenkt wird. Teils aus Unwissenheit, teils weil die Konsequenzen im Außen nicht direkt sicht- und spürbar werden.

Unsere Gedanken erzeugen Gefühle. Jedes Gefühl ist vernetzt mit all unseren Erfahrungen, bei denen wir dieses Gefühl hatten.

Erinnern wir uns an ein schönes Erlebnis, können wir die damit verbundenen angenehmen Gefühle ebenfalls wieder wahrnehmen.

Das Gleiche gilt für die Erinnerung an unangenehme Situationen. Auch hier kommen die damit verbundenen unangenehmen Gefühle in unsere bewusste Wahrnehmung zurück.

In beiden Fällen sind die Ereignisse und die damit verbundenen Erfahrungen noch bewusst abrufbar. Wir haben grundsätzlich die Wahl, daran zu denken und die Gefühle wieder zu aktivieren oder uns gedanklich davon zu distanzieren, um die damit einher gehenden Gefühle zu vermeiden.

Was aber passiert, wenn wir uns nicht mehr an die zu einem Gefühl gehörenden Erfahrungen erinnern können?

Nehmen wir einmal an, ein Krabbel-Kind wäre in einem unbeaufsichtigten Moment von ganz oben die Treppe hinunter gestürzt und hätte sich dabei heftig erschrocken und weh getan.

Unser Gehirn merkt sich ALLES – es vergisst NICHTS! Unter anderem hat es die Aufgabe zu verhindern, dass wir uns in Gefahr begeben.

In unserem Beispiel würde sich das Gehirn alle mit dem Sturz (Ereignis) verbundenen Gefühle merken. Es würde die Situation oben am Beginn einer Treppe zu krabbeln mit dem Marker „Achtung gefährlich" versehen. Und jetzt kommt die Eigenheit, welche alles so kompliziert macht: Die Details des Erlebten (also das Ereignis als solches) werden in eine „Kiste" gepackt und sind für das Bewusstsein nicht mehr zugänglich!

So könnte diese Person z.B. im Verlaufe ihres Lebens völlig stressfrei oben an einer Treppe stehen, hingegen in großen Stress geraten (mit unguten Gefühlen und Ängsten konfrontiert sein), wenn sie sich zum Putzen des Fußbodens oben am Beginn der Treppe hin kniet.

Rein verstandesmäßig wäre vollkommen klar, dass keine ernsthafte Gefahr besteht, wenn man oben an einer Treppe kniet. Trotzdem ließen sich die Angst und die unguten Gefühle nicht verhindern, weil das Gehirn aufgrund der Markierung sofort Alarm schlägt und dafür Sorge trägt, dass der Mensch sich nicht in Gefahr begibt beziehungsweise es alle notwendigen Ressourcen frei setzt, die der Mensch braucht, um aus der Gefahrenzone flüchten zu können.

So erleben wir im Verlaufe unseres Lebens auch immer wieder Situationen im zwischenmenschlichen Bereich, die für unangenehme Gefühle gesorgt haben oder gar bedrohlich waren. Hier greifen die selben Gesetzmäßigkeiten. Die Ereignisse werden markiert und größtenteils aus dem Bewusstsein verdrängt.

Entstehen ähnliche Situationen, erinnert uns das Gehirn an die „alten" Gefühle und dass wir diese nicht nochmals durchleben möchten. Wir werden wie fremdgesteuert alles Erdenkliche tun, um ein erneutes Durchleben der „alten" Erfahrungen mit den dazugehörenden Gefühlen zu verhindern. Dieser Selbstschutz-Mechanismus führt meist zu irrationalen Reaktionen mit denen wir uns selten etwas Gutes tun.

Begegnet uns eine „markierte Situation" schlägt unser Gehirn SOFORT Alarm und umgeht dabei die mit dem Bewusstsein (Verstand) verbundenen Gehirnbereiche. Diese Prozesse laufen unbewusst und sehr schnell ab. Schließlich sind sie gehirntechnisch dafür da unser Überleben sicher zu stellen.

Wir haben keine Wahl. Es ist so als hätte jemand auf einen Knopf gedrückt und ein Programm aktiviert, dessen Ausführung wir nicht verhindern können.

Schön zu erkennen ist dies am Beispiel einer Spinnen-Phobie. Verstandesmäßig ist vollkommen klar, dass eine nur stecknadelgroße Spinne keine Gefahr für unser Leben bedeutet. Es ist auch klar, dass wir uns nicht in Gefahr begeben, wenn wir einfach nur an eine Spinne denken oder uns diese bildlich vorstellen. Trotzdem sind die sicht- und spürbaren Reaktionen jedoch mit allen Gefühlen und körperlichen Symptomen verbunden, wie sie bei lebensgefährlichen Ereignissen vorkommen.

Spinnen wurden irgendwann einmal vom Gehirn als gefährlich markiert. Somit sorgt schon alleine der Gedanke an eine Spinne dafür, dass das Gehirn Alarm schlägt. In diesem Moment haben wir keine Wahl, weil wir <u>keine Möglichkeit haben, den Alarm zu verhindern. Es passiert einfach, weil unser Gehirn so gestrickt ist</u> und wir sind dieser Situation erst einmal hilf- und machtlos ausgeliefert.

Erst wenn die sicht- und spürbaren Reaktionen da sind, können wir diese über den Verstand regulieren. Allerdings braucht dies einiges an Übung und Disziplin und ist eine große Herausforderung im Leben eines betroffenen Menschen.

Um den Alarm zu verhindern, muss die Markierung der Spinne als gefährlich gelöscht werden. Dafür gibt es verschiedene Techniken, die sowohl in schulmedizinischen Therapien wie auch in ganzheitlichen Behandlungen eingesetzt werden.

Unsichtbare Ursache – heftige Wirkung

Besonders spannend wird es, wenn nicht die aktuelle Situation im Außen dazu führt, dass „auf den Knopf gedrückt" wird, sondern etwas, das im Inneren eines anderen Menschen gedacht und gefühlt vor sich geht - ganz ungeachtet dessen, ob sich dieser Mensch seiner Gedanken und Gefühle selbst bewusst ist oder nicht.

Die innere Haltung eines anderen Menschen beziehungsweise seine von Erwartungen, Ängsten, Befürchtungen, Be- und Verurteilung geprägte Gedanken- und Gefühlswelt kann mit unseren eigenen Erfahrungen unbemerkt in Resonanz gehen, unser Gehirn in Alarmbereitschaft versetzen, dadurch ebenfalls unsere Selbst-Schutz-Programme aktivieren und dafür sorgen, dass wir irrational, der Situation u.U. vollkommen unangemessen reagieren.

Das gilt selbstverständlich auch umgekehrt. Meine eigene innere Haltung, meine eigene von Erwartungen, Ängsten, Befürchtungen, Be- und Verurteilung geprägte Gedanken- und Gefühlswelt kann mit den Erfahrungen meiner Mitmenschen in Resonanz gehen und dafür sorgen, dass bei ihnen „auf den Knopf gedrückt" wird und ihre Selbst-Schutz-Programme aktiviert werden.

Auf diese Weise können die klassischen Konflikt-situationen entstehen, in denen ein Wort das andere gibt und man sich im Handumdrehen im dicksten Streit wieder findet. Die durch den „Alarm" aktivierten Programme, die eigentlich zum Selbstschutz und zur Vermeidung von neuem Stress durch aktive und passive Überschreitung von seelischen und ggf. körperlichen Leistungs- und Belastungsgrenzen dienen sollen, bewirken in der Folge genau das Gegenteil.

Solche Konfliktsituationen können heftige Spuren hinterlassen und mit jeder Wiederholung werden die „Markierungen" bestätigt, wodurch die „Knöpfe" immer empfindlicher werden.

Im ungünstigsten Fall bekommen zwischen-menschliche Beziehungen die Markierung „Achtung gefährlich".

Dadurch wird etwas, das von Natur aus für unser Überleben unerlässlich ist, gehirntechnisch als Gefahr behandelt.

Werden Gefühle wie Liebe, Nähe, Vertrauen, Sympathie oder Wertschätzung bewusst oder unbewusst wahrgenommen, schlägt das Gehirn Alarm. Die dadurch aktivierten Selbst-Schutz-Mechanismen sind in ihrem Wesen selbst-zerstörerisch, weil sie nichts auslassen werden, um dafür zu sorgen, dass die anderen Menschen uns ablehnen und uns aus dem Weg gehen, damit keine als (lebens)gefährlich markierte zwischenmenschliche Beziehung entstehen kann.

(K)eine Wahl haben

Wir haben in jedem Augenblick unseres Lebens eine Wahl!

Diese Aussage mag auf den ersten Blick Widerstand auslösen und sogar mit dem bisher Geschriebenen im Widerspruch stehen.

Auf den zweiten Blick lassen sich durchaus Wahlmöglichkeiten erarbeiten.

Was wir dafür brauchen ist etwas Mut, Kreativität, guten Willen, Urvertrauen und Offenheit, um bestehende Konditionierungen und vorherrschende Verhaltensmuster aufgrund bewusster und unbewusster innerer Überzeugungen unter die Lupe zu nehmen und auf ihre Berechtigung und Haltbarkeit zu überprüfen.

Der subjektive Eindruck und die Feststellung keine Wahl zu haben lösen Gefühle der Hilf- und Machtlosigkeit aus. Wir alle haben im Verlaufe unseres Lebens Situationen erlebt, die eben diese Gefühle ausgelöst haben. Eine Vielfalt an stressbeladenen Ereignissen, welche vom Gehirn „markiert" wurden, können mit diesen Gefühlen verbunden sein. Das heißt sie lösen gehirntechnisch Alarm aus und setzen die basalen Selbstschutz-Mechanismen (totstellen oder flüchten) in Gang, die unser physisches Überleben sicherstellen sollen.

Wir stehen unter Stress, das Gehirn schaltet auf „Überlebens-Modus" und wir haben erst einmal keinen Zugang mehr zu verstandesmäßiger Handlungsplanung.

Eine Wahlmöglichkeit entsteht aus dem WISSEN um die bisher aufgezeigten Zusammenhänge und Möglichkeiten und dem daraus entstehenden VERSTÄNDNIS für uns selbst und unsere Mitmenschen.

Wir haben <u>keine</u> Wahl, wenn wir einer Situation begegnen, die „auf den Knopf" drückt und das Gehirn veranlasst auf „Überlebens-Modus" zu schalten.

Wir haben <u>eine</u> Wahl, wenn es um die Entscheidung geht, diesen „Knopf" zu erkennen und aus der Welt zu schaffen.

Die Konditionierung (innere Überzeugung) aufgrund eigener Erfahrungen und dem Wissen um die Erfahrungen anderer Menschen könnte z.B. sagen: „Geht nicht! Absolut unmöglich!"

Wir haben <u>eine</u> Wahl, wenn es darum geht, den Dingen, die uns begegnen eine Bedeutung zu geben oder eine vorhandene Bedeutungsgebung zu verändern.

Wir können der oben genannten Konditionierung – **innere Einstellung** – die Bedeutung „ist wahr" geben und uns entweder untätig in unser Schicksal fügen (totstellen) oder unser äußeres Umfeld ständig

24

in Frage stellen, mit Schuldzuweisungen bedenken und/oder unreflektiert verändern (flüchten).

Wir können aber auch hingehen und diese innere Überzeugung „Geht nicht! Absolut unmöglich!" auf den Prüfstand stellen. Dafür brauchen wir Informationen beziehungsweise Wissen.

Unter Wissen verstehe ich einerseits das rein verstandesmäßige Wissen (Allgemeinbildung und alles, was sich in Veröffentlichungen finden lässt) und andererseits das tief in uns selbst, in unserer Seele, verwurzelte Wissen.

Wir haben eine Wahl, wenn es darum geht, uns auf den Weg zu machen, dieses Wissen zu suchen und zu finden. Es erfordert unsere **bewusste** Entscheidung dies zu tun.

Solange ich nicht weiß, dass es Möglichkeiten gibt, diese „Knöpfe" zu entschärfen, werde ich der inneren Überzeugung bleiben, dass ich keine Wahl habe.

Solange ich nicht weiß, dass ich immer eine Wahl habe, werde ich mich nicht auf den Weg machen, nach Wahlmöglichkeiten zu suchen.

Es sei denn, der Leidensdruck ist so groß, dass ich gezwungen bin, mich nach Wahlmöglichkeiten und Alternativen umzusehen, um das physische Überleben (im Sinne von seelischem und körperlichem Wohlbefinden) durch Eigeninitiative und

Übernahme von Eigenverantwortung sicher zu stellen.

Solche Situationen gehen meist mit großen Meinungsverschiedenheiten zwischen Verstand und Herz (Rückmeldung von innerem Wissen über das Gefühl) einher. Wir fühlen uns hin- und hergerissen zwischen dem, was wir tun würden, wenn wir frei wählen könnten und dem, was unser Verstand sagt, was alles geht oder eben nicht geht.

Es mag sein, dass wir in unserer **äußeren Welt** Zwängen unterworfen sind, die uns zunächst wenig Handlungsspielraum lassen.

In unserer **inneren Welt** steht es uns jedoch völlig frei, durch <u>eine **bewusste** Veränderung</u> der inneren Einstellung unsere Reaktion auf äußere Begebenheiten zu verändern.

Wir können uns ärgern – aber wir müssen es nicht.

Wir können der Überzeugung sein, keine Wahl zu haben – aber wir müssen es nicht.

Wir können uns selbst oder anderen die Schuld geben – aber wir müssen es nicht.

Wir können unsere Belastungsgrenzen überschreiten und selber leiden, damit andere nicht leiden brauchen – aber wir müssen es nicht.

Wir können bewerten und verurteilen – aber wir müssen es nicht.

Wir können uns selbst ablehnen, als Versager oder schlechter Mensch fühlen – aber wir müssen es nicht.

Wir können unsere eigene Zufriedenheit von äußeren Umständen und dem Tun und Lassen unserer Mitmenschen abhängig machen – aber wir müssen es nicht.

Haben Kinder (k)eine Wahl?

Die erste Zeit ihres Lebens sind Kinder ihrem Umfeld und uns Erwachsenen hilf- und machtlos ausgeliefert.

Sie haben KEINE Wahl!

Was ihr physisches Wohlbefinden betrifft, sind sie uns Erwachsenen auf Gedeih und Verderb ausgeliefert. Sie haben keine Möglichkeit selbst für die Befriedigung ihrer Grundbedürfnisse zu sorgen.

Was ihr seelisches Wohlbefinden betrifft, sind sie ebenfalls von der Sensibilität und Aufmerksamkeit der Menschen in ihrem Umfeld direkt abhängig.

Kinder sind grundsätzlich von Geburt an in der Lage ihre Bedürfnisse und ihr Befinden wahrzunehmen und zu „wissen" (im Sinne von fühlen), was sie brauchen, was gut für sie ist und was nicht.

ABER: Ihnen fehlen die physiologischen Voraussetzungen, um ihrer Eigenwahrnehmung und ihrem inneren Wissen entsprechend selbst gut für sich sorgen zu können. Gehirn und Nervensystem brauchen Zeit zum Reifen und vielseitige Bewegungs- und Sinneserfahrungen, um sich zu entwickeln.

Im Außen haben sie keine Möglichkeit den Menschen in ihrem Umfeld ihre Bedürfnisse und ihr Befinden so mitzuteilen, dass Missverständnisse ausgeschlossen werden können. Auch wenn Weinen nicht gleich

Weinen ist, es lässt doch viele Interpretationsmöglichkeiten zu.

Die Kommunikation über die Gefühlsebene zum Inneren der mit der Fürsorge betrauten Menschen klappt dort am besten, wo diese Menschen einen guten Zugang zu ihren eigenen Gefühlen haben, empathisch sind und dadurch über ein gutes Einfühlungsvermögen verfügen. Aber auch hier können Missverständnisse entstehen.

Die Kommunikation über die Seelenebene vom Erwachsenen zum Inneren des Kindes steht uneingeschränkt zur Verfügung. Anders als die meisten Erwachsenen können kleine Kinder die Gefühle ihrer Mitmenschen sehr gut wahrnehmen. Auf die Herausforderungen und Chancen, die mit diesem Umstand verbunden sind, werde ich später eingehen.

Erst wenn nach einigen Jahren das Gehirn entsprechend gereift und der Körper ausreichend entwickelt ist, sind die Voraussetzungen gegeben, dass Kinder ihre Gefühle, Bedürfnisse und ihr Befinden verstandesmäßig erfassen können und lernen können, über eine bewusste innere Einstellung ihre Handlungen zu planen und Emotionen zu steuern.

Solange diese physiologischen Voraussetzungen nicht gegeben sind, sind unsere Kinder Gefühl durch und durch. Wenn sie wütend sind, sind sie es mit allem, was zu ihnen gehört. Sie haben noch keine

Möglichkeit ihre Reaktionen mit dem Verstand bewusst zu regulieren. Alle unsere erwachsenen Wenn-Dann-Aufforderungen müssen zwangsläufig ins Leere laufen.

Die Art und Weise wie wir Erwachsenen dieser Tatsache begegnen, **vor allem unsere innere Haltung den Kindern gegenüber**, und wie weit es uns aufgrund unserer eigenen Gefühls- und Bedürfnislage möglich ist, adäquat auf die Emotionalität der uns anvertrauten Kinder zu reagieren, hat einen großen Einfluss auf die Lern- und Entwicklungsprozesse und den notwendigen zeitlichen Rahmen <u>bis die Kinder ebenfalls in der Lage sein werden, in jedem Augenblick ihres Lebens eine Wahl zu haben.</u>

Wenn wir verstehen, dass unsere Kinder gewisse aus der Sicht der Erwachsenen wichtigen und notwendigen Leistungen aufgrund fehlender physiologischer Voraussetzungen einfach noch nicht erbringen können und wenn wir ihnen mit dieser **verständnisvollen inneren Haltung** begegnen, können sich Kinder auch dann noch **als angenommen und wertvoll empfinden und wahrnehmen**, wenn sie in ihrer kindlichen, spontanen und emotionalen Handlungsweise gerade dabei sind sämtliche Normen und Verhaltensregeln zu sprengen.

…und uns fällt es leichter, die Situation auszuhalten und ihr <u>angemessen</u> zu reagieren…

Ich höre, was du nicht sagst

Ein Sprichwort sagt: Der Ton macht die Musik.

Es gibt den Ton im Außen. An äußerlich sicht- und hörbaren Merkmalen wie Tonfall, Wortwahl, Mimik und Gestik lässt sich ganz bewusst und unmissverständlich wahrnehmen, ob jemand z.B. fröhlich und zufrieden oder verärgert und missmutig ist.

Den Ton im Außen nehmen wir mit den Sinnen unseres Körpers, überwiegend mit den Augen und den Ohren, wahr. Die meisten Menschen haben einen guten bewussten Zugang zu diesen Sinneswahrnehmungen.

Und es gibt den Ton im Innen. Er ist die innere Einstellung, die aus Gedanken, Bewertungen und den damit verbundenen Gefühlen bestehende innere Haltung.

Der Ton im Innen ist weder sicht- noch hörbar. Er wird über die Seelenebene, also über das Gefühl wahrgenommen. Wie bewusst Gefühle wahrgenommen werden können, ist von Mensch zu Mensch verschieden. Wahrgenommen werden sie jedoch von jedem Menschen, ggf. „nur" unbewusst!

Ein Beispiel:

Ich komme morgens in den Kindergarten und werde von einer anderen Mutter mit einem freundlichen

„Guten Morgen" und einem Lächeln im Gesicht begrüßt.

Der Ton im Außen, also das was wir sehen und hören, vermittelt den Eindruck willkommen zu sein und dass der andere Mensch über die Begegnung erfreut ist.

Was aber ist mit dem Ton im Innen?

Wenn sich diese Mutter wirklich von Herzen freut, dann sind die sichtbare äußere Welt und die unsichtbare innere Welt im Einklang. Es entsteht eine Resonanz mit meiner inneren Welt und ich fühle mich willkommen und kann mich ebenfalls von Herzen über die Begegnung freuen.

Es könnte aber auch sein, dass diese Mutter beim Erblicken meiner Person gedacht hat: „Diese blöde Kuh. Muss ich der denn jetzt schon am frühen Morgen begegnen." Da ein anständiger Mensch freundlich grüßt, weil sich das so gehört und man selber für einen anständigen Menschen gehalten werden möchte, wird auch freundlich gegrüßt.

Dadurch entsteht ein Widerspruch zwischen der sichtbaren äußeren Welt und der unsichtbaren inneren Welt. Das was ich mehr oder weniger bewusst fühle, stimmt nicht mit dem überein, was ich sehe und höre.

Vielleicht fühlt es sich einfach nur komisch an, ich nehme am Rande wahr, dass irgendetwas nicht stimmt und ziehe meines Weges.

Vielleicht geht die innere Haltung dieser Mutter aber auf meiner Seelenebene in Resonanz und drückt im ungünstigsten Fall auch noch auf einen „Knopf".

Es könnte z.B. passieren, dass ich denke: „Was will DIE denn von mir?" und gleichzeitig feststelle, dass sich in mir Gefühle von Wut und Ablehnung breit machen. Ein nächster Gedanke könnte sein: „DIE hat mir gerade noch gefehlt. Kann die nicht zu einer anderen Zeit hier aufkreuzen?! Und wie die durch den Flur stolziert… Was glaubt die eigentlich, wer sie ist?". Gleichzeitig könnte ich mich klein und schlechter (im Sinne von weniger wert) als diese andere Mutter fühlen.

Sollte ich unter diesen Umständen noch zurück grüßen, dürfte dies eine ziemlich bissige Komponente haben…

Im Nachhinein würde ich mich über mein eigenes Verhalten wundern. Ich wurde freundlich gegrüßt von einer Mutter, mit der ich nie wirklich etwas zu tun hatte und entwickle selber so ungute Gefühle und Gedanken?! Was für ein schlechter Mensch bin ich nur…

Gute Menschen – schlechte Menschen

Was macht einen „guten" Menschen aus und welche Eigenschaften hat ein „schlechter" Mensch?

Die Antworten auf diese Fragen würden je nach Kultur und Zeitalter sehr, sehr unterschiedlich ausfallen.

Was aber sicherlich in allen Kulturen und allen Zeitaltern ähnlich sein dürfte, ist der Umgang mit „guten" beziehungsweise „schlechten" Menschen.

„Gute" Menschen werden akzeptiert, sie gehören dazu, sind Teil der Gemeinschaft, werden wertgeschätzt, be- und geachtet.

„Schlechte" Menschen werden abgelehnt, aus der Gemeinschaft gedrängt, gedemütigt und verachtet.

Ein Blick weit zurück in die Vergangenheit unserer Entwicklungsgeschichte zeigt, dass die Menschen früher in Gemeinschaften zusammen gelebt haben. Überleben konnte nur, wer Teil einer Gemeinschaft war. Der Ausschluss aus der Gemeinschaft war in der Regel ein Todesurteil.

Heute ist es nicht mehr zwingend notwendig Teil einer Gemeinschaft zu sein, um überleben zu können. Für die Befriedigung der lebensnotwendigen Grundbedürfnisse im Außen (materielle Versorgung wie z.B. Essen, Trinken, Schlafen) bedürfen wir in der Regel keines anderen Menschen. Ein einzelner

Mensch kann prinzipiell gut für sich selbst sorgen. Dies ist jedoch erst seit sehr kurzer Zeit so, gemessen an dem langen Entwicklungsweg zum heutigen Menschen.

Dazu zu gehören, also von der Gemeinschaft angenommen zu sein, ist ein Grundbedürfnis.

Aus dieser Tatsache entsteht ein Verhaltensmuster, welches dem überwiegenden Teil von uns allen eigen sein dürfte. Wir werden uns so verhalten, wie wir glauben, dass die Gemeinschaft es von uns erwartet, verbunden mit unserer mehr oder weniger bewussten eigenen Erwartungshaltung dann auch wirklich angenommen zu werden.

Zu diesem Verhaltensmuster können beispielsweise nachfolgende Gedankengänge gehören: Was werden die Anderen von mir denken, wenn ich... Dann gibt's wieder endlose Diskussionen und ich werde durch die Mühle gedreht... Ich habe keine Lust wieder schräg angeguckt zu werden... Wenn ich etwas sage, könnte es passieren, dass mein Kind in der Folge benachteiligt beziehungsweise von Personen, denen ich es anvertrauen muss, abgelehnt wird.

Der Erwartungshaltung der Gemeinschaft oder anders ausgedrückt, den bestehenden Normen der Gesellschaft nicht zu entsprechen, hat gehirn-technisch die Einstufung: „Achtung lebensgefährlich!"

Etwas das lebensgefährlich ist macht Angst. Diese Angst versperrt uns den Weg zu unserem inneren

Wissen, zu unserem Gefühl, was wir brauchen und was gut für uns ist sowie zu unserer Kraft entsprechend handeln zu können genauso, wie zu unserer Fähigkeit bewusst wahrnehmen zu können, wie sich die beteiligten Menschen in unserem Umfeld fühlen.

In der Folge ist es uns nicht mehr möglich, im Innen (erkennen, respektieren und „verteidigen" von seelischen Leistungs- und Belastungsgrenzen) gut für uns zu sorgen. Auch die Grenzen der Mitmenschen können nicht mehr ausreichend wahrgenommen und respektiert werden.

Richtig und falsch

Kinder mit einer AD(H)S-Symptomatik sind Kinder, die sich außerhalb der Norm bewegen. Sie machen täglich die Erfahrung „falsch" zu sein und selbst wenn sie ihr Bestes geben um „richtig" zu sein, ist es selten gut genug...

Jeder Mensch ist einzigartig. Es gibt keine zwei Menschen, die wirklich gleich sind. Kein Lebensweg mit all seinen Erfahrungen ist gleich dem Lebensweg eines anderen Menschen. Was für den einen Menschen „das Richtige" war, könnte für einen anderen Menschen genau „das Falsche" gewesen sein.

Manche Entscheidungen, die wir treffen, stellen sich zu einem späteren Zeitpunkt als „richtig" heraus und andere als „falsch". Aber waren sie wirklich „richtig" oder „falsch"? Reicht nicht eventuell eine Veränderung des Blickwinkels und eine vermeintlich „falsche" Entscheidung wird plötzlich „richtig" oder eine für „richtig" gehaltene „falsch"?

Auf welcher Grundlage erfolgt bei uns Erwachsenen die Bewertung in richtig und falsch? Wie ist unser Wertesystem entstanden?

Wissen Kinder was richtig oder falsch für sie ist? Wann und wie weit dürfen wir sie für sich selber entschelden und bestimmen lassen?

Wertesystem eines Kindes

Was ist die Grundlage für das Wertesystem eines Kindes? Auf welche Art und Weise bewertet ein Kind?

Wenn ein Kind geboren wird, kennt es kein „richtig" und „falsch". **Es ist vollkommen wertfrei!**

Es **fühlt** seine Bedürfnisse und „weiß" (fühlt) was es braucht. Es **fühlt** sich wohl oder unwohl in seiner Haut. **Es „bewertet" über sein Gefühl**. Es nimmt sich selbst und die Menschen in seinem Umfeld über das Gefühl wahr.

Es ist, was es fühlt. Und das, was es fühlt ist weder richtig noch falsch, weder gut noch schlecht. Es ist einfach da und wird wertfrei angenommen. Auch die Art und Weise, wie dieses sich wohl oder unwohl fühlen im Außen ausgedrückt wird, ist für ein Baby völlig selbstverständlich. Es überlegt nicht, ob es weinen darf oder nicht, ob es lachen soll oder nicht, ob es angebracht ist jetzt in dieser Situation Geräusche zu machen oder nicht. Es bringt einfach ganz natürlich, wertfrei und bedingungslos seine innere gefühlte Welt ins Außen.

Für ein Baby ist es selbstverständlich angenommen und geliebt zu werden, <u>so wie es ist</u> – ohne dass es durch eigenes Handeln oder Unterlassen bestimmter Handlungen diese Liebe und Annahme erst verdienen muss!

Wertesystem eines Erwachsenen

Für die meisten von uns Erwachsenen ist es traurigerweise selbstverständlich geworden, nur dann angenommen und geliebt zu werden, wenn wir so sind, wie wir zu sein haben – meistens müssen wir uns die Annahme und die Liebe anderer Erwachsener erst durch Erfüllung von Erwartungshaltungen verdienen.

Wenn wir einen Blick auf unsere Kinder werfen, stellen wir fest, dass sie ihre Bezugspersonen über einen langen Zeitraum <u>bedingungslos</u> lieben.

Selbst da, wo Kinder mit der Lieblosigkeit ihrer Bezugspersonen konfrontiert werden, emotionale und körperliche Gewalt oder andere unschöne Dinge erfahren, werden diese (aus der Sicht eines Erwachsenen „schlechten") Menschen von den Kindern geliebt und angenommen.

<u>Kinder sind, was sie fühlen.</u> Egal, was sie tun – es kommt völlig unreflektiert von Herzen (also aus dem Gefühl heraus).

<u>Erwachsene sind, was sie denken.</u> Und das, was sie denken wird vom Verstand den Bewertungen „richtig" oder „falsch", gut oder schlecht, zugeordnet. Das Handeln eines Erwachsenen richtet sich überwiegend nach dem, was der Verstand sagt und ist meist auf verschiedenen Ebenen zweckgebunden.

Erwachsene waren aber auch einmal Kinder und hatten ebenfalls die Fähigkeit bedingungslos zu lieben und alles Vorhandene wertfrei anzunehmen! Wo, wann und warum mag diese Fähigkeit beim Heranwachsen auf der Strecke geblieben sein?

Beim Heranwachsen eines Kindes vermitteln ihm die Menschen in seinem Umfeld so nach und nach im alltäglichen zwischenmenschlichen Umgang, was sie für „richtig" und „falsch" halten. Sie geben das Wertesystem weiter, welches sich auf der Basis der eigenen Erziehung und den bisher durchlebten Erfahrungen mit der daraus entstandenen inneren Einstellung entwickelt hat.

Es liegt in der Natur der Sache, dass sich die Wertesysteme der Menschen in Bezug auf die Vorstellung, was „richtig" und was „falsch" ist genauso unterscheiden können, wie sich die Menschen selbst in ihren Wesenszügen unterscheiden.

Die Art und Weise, wie unser vorhandenes Werte-system ans Kind gebracht wird, ist der sensible Punkt. Hier können viele Missverständnisse entstehen, die dafür sorgen, dass z.B. das Gefühl entsteht, nicht so sein zu dürfen, wie wir sind, wenn wir angenommen und geliebt werden wollen.

Auch diese Missverständnisse liegen in der Natur der Sache – zumindest solange wie Kinder und Erwachsene auf zwei völlig gegensätzlichen Ebenen (Gefühl – Verstand) unterwegs sind.

Missverständnisse

Nun sind wir an der Stelle angelangt, wo ich in Gesprächen mit Eltern schon mal zu hören bekomme: „Aha, jetzt sind wir also doch wieder die Schuldigen und haben etwas falsch gemacht."

Dazu sage ich ganz klar: „NEIN!"

Aus meiner Sicht gibt es keine Schuldigen. Ich sehe das Ganze als einen schon lange im Verborgenen laufenden Prozess, der dazu geführt hat, dass die Menschen dazu über gegangen sind, dem was sie im Außen wahrnehmen (sehen, hören, anfassen können) mehr Glauben und Vertrauen zu schenken als ihrem Wissen im Innen, welches sich „nur" über das Gefühl „zeigt".

Für ein Baby ist es selbstverständlich seinem Gefühl blind zu vertrauen und in all seinen Äußerungen authentisch zu sein.

Ein Kind geht davon aus, dass wir Erwachsenen unsere Umwelt genauso wahrnehmen, wie es selbst. Es hat keine Idee davon, dass wir uns in der Wahrnehmung sehr unterscheiden können.

Erwachsene haben größtenteils vergessen, wie es in den ersten Lebensjahren als Kind war, als sie nur aus dem Bauch heraus gehandelt haben und keinen Zugang dazu hatten, mit dem Verstand ihre Handlungen zu planen oder zu steuern.

Verständnis ist da möglich, wo wir uns auf eine gemeinsame Ebene begeben.

Da ein Kind physiologisch bedingt in den ersten Lebensjahren nicht in der Lage ist, seinen Verstand so zu nutzen wie wir Erwachsenen, hat es keine Chance, sich durch eine bewusste Entscheidung auf unsere Erwachsenen-Ebene zu begeben.

Deshalb lade ich Sie in den nachfolgenden Kapiteln ein, einen Ausflug auf die Ebene des Kindes zu unternehmen.

Zum Einen werde ich anhand von frei erfundenen Beispielen, in die eigene Erfahrungen und Erfahrungen von anderen Müttern eingearbeitet sind beschreiben, <u>wie Missverständnisse an der Schnittstelle der Wahrnehmungsebene eines Kindes und der eines Erwachsenen entstehen können</u>.

Zum Anderen werde ich aber auch ganz offen und ehrlich darüber schreiben, welche Missverständnisse zwischen meinem Sohn und mir vorhanden waren und welche Schlüsselerlebnisse dazu geführt haben, dass ich so nach und nach ein anderes Verständnis für die Wahrnehmung und die Bedürfnisse der Kinder entwickeln konnte.

Es ist ein Versuch nachvollziehbar aufzuzeigen, wie aus meiner ganz persönlichen Sichtweise der Prozess verläuft, der weg führt von dem natürlichen Selbstverständnis eines Babys so wie es ist wertvoll und liebenswert zu sein, seiner Wahrnehmung für sich selbst uneingeschränkt vertrauen und seine Bedürfnisse sowie sein Befinden frei und authentisch zeigen zu können hin zu dem erlernten (und auch anerzogenen) Selbstverständnis und den überwiegend vom Verstand geleiteten und kontrollierten Verhaltensweisen und Erwartungshaltungen der Erwachsenen.

Mit gutem Gefühl für sich sorgen

Es wird sich nicht vermeiden lassen, dass ich mit den aufgeführten Beispielen hier und dort auf „Knöpfe" drücken und dadurch unter Umständen eine ganze Palette an gemischten Gefühlen auslösen werde.

Ich bitte Sie aus tiefem Herzen ganz bewusst vollständig auf eine Bewertung Ihrer Reaktion, Ihrer Gedanken, Gefühle und Lebenserfahrungen zu verzichten und alles was sich in Ihnen regt und bemerkbar macht wertfrei stehen zu lassen und anzunehmen - verbunden mit der inneren Haltung, dass es so sein darf, wie es ist beziehungsweise war.

Sie werden wahrscheinlich feststellen, dass das gar nicht so einfach ist. Die Macht der Gewohnheit alles zu bewerten, zu beurteilen und in die entsprechenden „Schubladen" zu stecken kann sehr viel Durchsetzungskraft haben.

Menschen, die Kinder mit besonderen Herausforderungen begleiten und die Kinder selbst, haben oft einen langen Leidensweg hinter sich oder stecken noch mitten drin.

Unsere innere Einstellung ist maßgeblich daran beteiligt, ob es uns gelingt, mit Ruhe und möglichst wenig Kraftaufwand durch schwierige Situationen zu kommen.

Deshalb möchte ich Ihnen ein Bild weiter geben, welches mir immer mal wieder hilft, ein

Überschreiten von persönlichen Leistungs- und Belastungsgrenzen zu vermeiden und gut für mich selbst oder eines meiner Kinder sorgen zu können.

Das Lebens-Seil

Stellen wir uns vor, in der Mitte eines hohen Raumes befindet sich ein Seil. Es reicht von der Decke bis auf den Boden. Im Laufe unseres Lebens klettern wir Stück für Stück dieses Seil hinauf.

Wer schon einmal versucht hat an einem glatten Seil nach oben zu klettern weiß, dass das ganz schön anstrengend sein kann und dass man leicht von oben wieder bis ganz nach unten rutscht.

Leichter geht es, wenn sich in diesem Seil Knoten befinden.

Schwierigkeiten, die uns auf unserem Lebensweg begegnen, machen uns letztendlich innerlich ein Stück stärker, reifer und erfahrener.

In schwierigen Zeiten klettern wir unter höchster Anstrengung an unserem Lebens-Seil nach oben. Haben wir die Herausforderung erfolgreich gemeistert, befindet sich ein neuer Knoten in unserem Seil. Er gibt uns Halt und Gelegenheit uns auszuruhen.

Klettern wir später an unserem Lebens-Seil weiter nach oben und sollten aus welchen Gründen auch immer abrutschen, wird uns einer der letzten Knoten, die wir in unser Seil gemacht haben, wieder auffangen.

Gut für sich selbst zu sorgen bedeutet, seine eigenen Grenzen zu erkennen, **mit gutem Gefühl anzunehmen** und zu respektieren. Wie bereits erwähnt, zeigen sich die seelischen Belastungsgrenzen über das Gefühl. Jedes Mal wenn wir gegen unser Gefühl handeln und z.B. „Ja" sagen obwohl wir ganz klar „Nein" fühlen, oder etwas nicht tun, obwohl wir tief in unserem Herzen ein „Ja" fühlen (natürlich auch im umgekehrten Fall), überschreiten wir unsere eigenen Grenzen. Je nach Situation sind diese Grenzüberschreitungen unterschiedlich stark und gehen von nur ein kleines bisschen bis hin zu ganz heftig.

Viel zu oft machen wir im Laufe unseres Lebens die Erfahrung, für einen egoistischen, schlechten Menschen gehalten und heftig abgelehnt zu werden, weil wir uns dafür entschieden haben, z.B. zu einer Bitte um Hilfe oder zu der Erfüllung einer Erwartungshaltung ganz klar und deutlich Nein zu sagen.

Auch hier kann eine Veränderung des Blickwinkels hilfreich sein.

Unsere Mitmenschen klettern ebenfalls an ihrem Lebens-Seil nach oben. Wenn wir im Zuge dessen, dass wir gut für uns selbst sorgen und unsere eigenen Belastungsgrenzen nicht überschreiten möchten die Ursache dafür legen, dass im inneren oder äußeren Leben eines anderen Menschen Unruhe entsteht, ist <u>dieser</u> gerade dabei einen neuen Knoten in sein Lebens-Seil zu knüpfen.

Das heißt aber nicht, dass wir anderen mutwillig Schaden zufügen und uns dann damit „entschuldigen" können, dass wir dem anderen ja somit eine Gelegenheit geschenkt haben, einen neuen Knoten in sein Lebens-Seil zu knüpfen!

Sollte durch das mutwillige Handeln eines anderen Menschen Unruhe in unserem eigenen inneren oder äußeren Leben entstehen, befinden <u>wir</u> uns gerade in der Situation, einen neuen Knoten in unser Seil knüpfen zu können. Je nachdem, wie wir uns entscheiden, ist dies mit Anstrengung verbunden oder geht mit Leichtigkeit. Wir haben die freie Wahl: Wir können uns ärgern, den anderen mit Schuldzuweisungen bedenken und für einen schlechten Menschen halten – aber wir müssen es nicht.

Es geht einzig und alleine um <u>die innere Haltung, die uns die notwendige emotionale Freiheit ermöglicht</u>, um mit gutem Gefühl dafür Sorge zu tragen, dass wir unsere eigenen seelischen Belastungsgrenzen nicht überschreiten.

Diese seelischen Belastungsgrenzen sind so individuell wie jeder Mensch einzigartig ist. Von sich selbst auf andere zu schließen und zu erwarten, dass sie genauso reagieren und handeln werden, wie man es selbst tun würde, ist so ziemlich der sicherste Weg, sich selbst und anderen das Leben schwer zu machen...

Seelen-Detektive

„Unsere Kinder sind die besten Detektive für das Seelenleben des Erwachsenen - ganz besonders für Eltern und Erzieher."

(Sr. Simona, Erzieherin im Kinderheim)

Oder anders ausgedrückt: Sie finden mit absoluter Treffsicherheit jeden „Knopf" bei uns Erwachsenen.

Kinder halten uns den Spiegel vor. Aber nur wenn wir mit den Augen unserer Seele in diesen Spiegel schauen, können wir sehen, was sie uns zeigen wollen.

Der Standard-Spruch meines Sohnes während Konflikten mit den Erwachsenen war: „Ihr macht doch selber nicht, was ihr von mir verlangt, dass ich es tun soll."

Mit diesem Satz hat er regelmäßig Öl ins Feuer gegossen, denn rein äußerlich betrachtet, machten die Erwachsenen sehr wohl das, was sie von ihm verlangten. Sie waren gute Vorbilder und anständige Menschen. Sie räumten ihre Sachen ordentlich weg, sie benahmen sich ordentlich beim Essen, sie konnten still sitzen und leise sein, sie sprachen ordentlich ohne Schimpfwörter zu gebrauchen, usw.

Trotzdem blieb er dabei und hat sich im Laufe der Jahre viele Blessuren zugezogen, weil er für frech, respektlos, unerzogen und unbelehrbar gehalten wurde.

Das was er eigentlich sagen wollte, nämlich dass er gerne mit dem gleichen Respekt und der gleichen Rücksichtnahme auf seine Gefühle und seine Bedürfnisse behandelt werden möchte, wie wir Erwachsenen es von ihm erwarten und verlangen, hat niemand verstanden.

Er konnte mit gut einem Jahr schon sehr gut sprechen und im Alter von 8 Jahren war er so weit, dass er angefangen hat, ganz glasklar und unmiss-verständlich auszuformulieren, was er nicht gut findet.

Seine Wortwahl und sein Verhalten waren in der Regel so, dass er erst Recht für frech und respektlos hätte gehalten werden müssen – denn SO! spricht man nicht mit Erwachsenen! Schließlich hat alles seine Grenzen!

Und genau das war der springende Punkt. Wie oft hat er mit seinem Verhalten sämtliche Grenzen gesprengt und keinerlei Rücksicht genommen auf die Gefühle und Bedürfnisse seiner Mitmenschen?!

Ich fühle was du fühlst

Als sich dieses erste Schlüsselerlebnis ereignete, welches letztendlich unser ganzes Leben verändern sollte, wusste keiner, dass mein Sohn schon seit Monaten in der Schule heftig gemobbt wurde und manchmal sogar mehrfach am Tag die Erfahrung machte, dass er von den Erwachsenen, welche die Aufsicht hatten, keine Hilfe bekam. Er wurde weg geschickt, bevor er etwas sagen konnte. So stand er mit seiner großen Not alleine da.

Die Auseinandersetzungen zuhause wurden immer schlimmer und ich spürte, dass ich nicht mehr bereit war, mich von meinem Kind schlecht behandeln zu lassen und mit zu erleben, wie auch die anderen Familienmitglieder schlecht behandelt wurden. Alle Versuche etwas zu verändern scheiterten und irgendwann hatte ich einfach nur noch das Gefühl, der Situation machtlos ausgeliefert zu sein.

Ab diesem Zeitpunkt wurde alles noch viel schlimmer. Sobald ich zu einem seiner Anliegen „Nein" sagte, löste ich einen nicht mehr kontrollierbaren Wutausbruch und Weinkrampf bei meinem Kind aus. Er ließ sich durch nichts beruhigen. Einige Male stand ich wirklich kurz davor einen Notarzt zu rufen, um ihn mit Medikamenten in die Ruhe zurück bringen zu lassen.

Nach einiger Zeit kam der Tag, an dem ich für mich ganz klar hatte, dass ich diese Unruhe und die damit verbundenen aggressiven Handlungen in meinen vier

Wänden nicht mehr haben wollte. Ich konnte es einfach nicht mehr ertragen. „Es" musste weg aus meinem Zuhause, weg aus meinem Leben.

Mit dieser Klarheit und einer Flut heftiger Gefühle in mir stand ich an diesem besagten Tag in der Küche. Plötzlich brach mein Sohn aus dem Nichts in Tränen aus und schrie verzweifelt: „Du willst mich nicht mehr haben. Dir wäre es am liebsten, wenn ich ganz weit weg gehen und nie mehr wieder kommen würde. Du bist wütend auf mich. Dir wäre es am liebsten, wenn ich gar nicht da wäre."

Ich war zu tiefst getroffen. Wie kam er denn auf diese Idee?! Auf meine Erklärung, dass das nicht stimmen würde, antwortete er: „Doch – das stimmt. Das kann ich fühlen. Du willst mich nicht mehr haben."

Was für ein fatales Missverständnis! Die SITUATION wollte ich nicht mehr haben. Sie sollte aus meinem Leben verschwinden. Aber doch nicht das Kind!

Der Satz: „Du bist wütend auf mich." löste massiven Widerstand in mir aus. Ich war nicht wütend. Wütend darf man nicht sein. Wut ist etwas Schlechtes. Die darf man nicht haben. Und wenn sie doch da ist, darf es keiner merken. Ich darf meine Wut nicht raus lassen. Liebe Menschen werden nicht wütend.

Also sagte ich: „Aber ich bin doch nicht wütend auf dich." Mein Sohn entgegnete: „Du lügst. Du bist wütend auf mich. Das ist so gemein." Er blieb unerschütterlich dabei. Ich würde ihn anlügen, wenn ich behaupten würde, dass ich nicht wütend wäre.

Nachdem der erste Schreck vorbei war und sich die Wogen geglättet hatten, versuchte ich für mich zu klären, warum mein Sohn der festen Überzeugung war, dass ich lügen würde. Hatte er vielleicht doch Recht? War ich tatsächlich wütend? Ich???

Was ich da beim genauen Hinsehen fand, gefiel mir gar nicht. Oh ja, ich war wütend – wütend auf Gott und die Welt… Gleichzeitig kamen Gedanken und Gefühle in mir hoch, von denen ich der inneren Überzeugung war, dass man sie nicht haben darf, wenn man ein anständiger und lieber Mensch sein möchte.

Die Wutausbrüche meines Sohnes drückten auf meine „Knöpfe". Sie lösten in mir Gefühle von Ablehnung und Menschenverachtung aus, ohne dass ich davon etwas bewusst bemerkt hätte.

Aber er merkte es und bezog es auf sich. Er fühlte sich abgelehnt und verachtet.

Die ganze Sache brachte er mit den Fragen auf den Punkt: „Mama, warum darf man nicht wütend sein? Warum ist das falsch?" Und weiter sagte er: „Wenn ich ungerecht behandelt werde, macht mich das unglaublich wütend. Ich kann das nur aushalten, wenn ich meine Wut rauslassen kann."

Ich beschloss das Thema „Wut" unter die Lupe zu nehmen und stellte fest, dass mein Sohn vollkommen Recht hatte. Wütend sein und es nicht rauslassen können ist kaum auszuhalten. Ich fand auch keinen Grund, warum man nicht wütend sein dürfte. Aber was sollte ich ihm auf die Frage antworten, warum es falsch ist, wütend zu sein?

Letztendlich kam ich zu dem Schluss, dass es weder richtig noch falsch ist wütend zu sein und dass das Gefühl selbst weder gut noch schlecht ist. Es kommt nur darauf an, auf welche Art und Weise sich die Wut den Weg nach außen sucht. Wenn dabei niemandem Schaden zugefügt wird, dann ist alles in Ordnung.

Für mich war das Fazit dieser „Untersuchung", dass es keinen Grund gibt, mir selber oder jemand anderem zu verbieten wütend zu sein. Schließlich hat es seinen Grund, wenn jemand wütend wird, dafür gibt es immer eine Ursache.

So konnte ich dieses Gefühl als etwas annehmen, das sein durfte und machte mich auf die Suche nach der Ursache, warum ich tief in mir drin so unglaublich wütend war. Ich fand sie in den eigenen gefühlten Kindheitserinnerungen, die den Erfahrungen, die mein Kind machte, so ähnlich waren. Es war die unbändige Wut, die entstehen kann, wenn man Situationen machtlos ausgeliefert ist, die eigenen seelischen Belastungsgrenzen vom Umfeld nicht wahrgenommen beziehungsweise regelmäßig missachtet werden, der Ruf nach Hilfe und

Unterstützung nicht gehört wird und man sich ungeliebt und allein gelassen fühlt.

Ab diesem Moment war der ganze Spuk vorbei. Die Situation, die ich nicht mehr haben wollte, war über Nacht weg.

Durch dieses Erlebnis wach gerüttelt fing ich an, jede sogenannte Verhaltensauffälligkeit meines Sohnes nach dem Grund zu hinterfragen und ganz genau hinzuhören und hinzufühlen.

Die überaus heftigen Wutausbrüche kamen „nur" noch, wenn er in der Schule oder beim Spiel mit Ablehnung, fehlendem Verständnis und Abwertung konfrontiert wurde. Da sie bei mir keinen „Knopf" mehr fanden, auf den sie drücken konnten, fiel es mir immer leichter die Situation mit gutem Gefühl aushalten zu können. Mein Sohn ließ sich immer schneller beruhigen und entwickelte die Fähigkeit, auch wenn er noch außer Rand und Band war schon mit Worten erklären zu können, wie er sich fühlt und warum das so ist.

Nach einiger Zeit fand ich heraus, dass wir es ausnahmslos mit Missverständnissen zu tun hatten.

Mein Sohn kann die Gefühle der anderen Menschen uneingeschränkt wahrnehmen, aber er kann nicht erkennen in welchem Kontext sie stehen, weil er die dazu gehörenden Gedanken nicht mitbekommt.

Mein Gefühl oder dein Gefühl?

Diese Erkenntnis veranlasste uns innerhalb der Familie immer offener über Gefühle und Bedürfnisse zu sprechen. Ein besonderes Augenmerk legten wir darauf, keine gefühlte oder ausgesprochene Ablehnung oder Abwertung (im Sinne von Bagatellisierungen, wie z.B. „Stell dich nicht so an." oder „Reiß dich zusammen.") aufkommen zu lassen.

Allen Gefühlen und Bedürfnissen wurde eine Existenzberechtigung zugestanden, alleine aufgrund der Tatsache, dass sie da waren. Wir gingen gemeinsam auf Entdeckungsreise zur inneren Welt eines jeden Familienmitgliedes.

Dabei wurde immer klarer, dass mein Sohn nicht bewusst zwischen seinen eigenen Gefühlen und denen von anderen Menschen unterscheiden kann. Es vermischt sich alles. Wir beobachteten, dass z.B. einer von uns stink sauer war, sich rein äußerlich betrachtet aber trotzdem friedlich verhielt. Zeitgleich fing er ohne sichtbaren äußeren Anlass an zu toben und zu schimpfen. Immer wieder stellten wir fest, dass er ohne äußere Veranlassung das auslebte, was ein anderes Familienmitglied gerade fühlte.

Somit waren alle Familienmitglieder – und ganz besonders ich! - gefordert eine neue Achtsamkeit im Umgang mit den eigenen Gedanken und Gefühlen zu entwickeln, um ihn zu entlasten.

Was mich betraf, spürte er schon lange bevor ich es selber merkte, wenn ich dabei war, meine eigenen seelischen Belastungsgrenzen zu überschreiten und Dinge zu tun oder zu sagen, die nicht mit meinem Gefühl und meinen Bedürfnissen im Einklang waren.

Mit seinen Worten ausgedrückt, wenn ich dabei war zu lügen. Mit meinen Worten ausgedrückt, wenn ich dabei war, meine Gefühle und meine Bedürfnisse zu verleugnen und mich innerlich zu verbiegen, um die Erfahrung zu vermeiden mit Ablehnung, Lieblosigkeit oder Abwertung konfrontiert zu werden.

Wenn ich dabei war achtlos über meine eigenen Bedürfnisse hinweg zu gehen oder ein Gefühl oder eine Situation abzulehnen, reagierte er ohne äußerlich sichtbare Ursache so, als wäre gerade jemand dabei _seine_ Bedürfnisse zu missachten oder _ihn_ abzulehnen. Das heißt er ging innerhalb kürzester Zeit über Tisch und Bänke und sprengte sämtliche durch Normen und Verhaltensregeln definierten Grenzen.

So wurde sein für alle so belastendes Verhalten zu einer großen Chance für mich, meine „Knöpfe" und die meiner Kinder erkennen zu können. Immer wenn mein Sohn Verhaltensweisen zeigte, für die ich keine direkte Ursache sah, ging ich mit ihm ins Gespräch und bat ihn zu beschreiben, wie er sich fühlt, um herauszufinden, wo ich ansetzen kann, um Frieden und emotionale Freiheit in unser aller Leben zu holen.

Nach einiger Zeit sagte meine älteste Tochter: „Bei mir ist das aber anders. Ich weiß ganz genau, welches meine Gefühle sind und wie sich die anderen fühlen." Ich wollte wissen, seit wann das so wäre. Sie antwortete zu meinem Erstaunen, dass es schon immer so gewesen sei.

Das Zusammenleben mit meinem Sohn wurde immer unkomplizierter und ich begann innerlich aufzuatmen. Endlich geschafft, dachte ich.

Doch manchmal kommt es anders als man denkt. Meine Älteste wurde zusehends aggressiver und immer wütender auf sich selbst. Dieses sonst immer so angepasste und verständnisvolle Kind, von dem man oft gar nicht merkte, dass es da war, fing an zu manipulieren, zu zanken und ganz ordentlich mit Worten und Fäusten auszuteilen. Was war passiert? Auch hier begann die Suche nach der Ursache.

Mein Sohn hatte mir viel Gelegenheit gegeben die Ursachenforschung zu üben und schon bald zeigte sich, womit wir es zu tun hatten.

Es gab eine Situation, in der meine Tochter einiges für sich zu erledigen hatte und selber entschied, in welcher Reihenfolge und wie sie das alles machen wollte. Sie kündigte an, dass sie nicht unterbrochen werden möchte. Dann kam ich und bat sie, bei Gelegenheit auch noch ihre gebügelte Wäsche weg zu räumen und nach oben zu bringen. Ich ging davon aus, dass sie dies erst nach Abschluss ihrer Arbeiten erledigen würde. Doch plötzlich kam sie an und räumte alles emsig weg. Mir war das nicht Recht, weil ich es gut fand, dass sie ihren eigenen Plan hatte. So „schimpfte" ich mit ihr. Ich sagte ihr, dass ich es besser gefunden hätte, wenn sie sich erst um ihre Sachen gekümmert hätte und danach um die Wäsche. Jedoch mit dem Hintergrund, dass ich froh war, dass sie eigentlich dabei gewesen war, sich endlich einmal zuerst um sich zu kümmern und nicht so wie sonst erst um die anderen.

Sie fing an zu weinen und sagte: „Ich wollte es dir doch nur Recht machen. Ich wollte, dass du zufrieden bist."

Ich entgegnete ihr, dass es mir lieber gewesen wäre, wenn sie es sich selbst Recht gemacht hätte. Sie antwortete: „Ich dachte, du bist dann unzufrieden. Das spüre ich und das tut mir weh. Ich möchte nicht, dass du wegen mir traurig bist, ich möchte, dass du dich freust."

Ich erklärte ihr, dass sie nicht für meine Zufriedenheit verantwortlich wäre. Darum müsste ich mich schon selbst kümmern.

Auf meinen Hinweis, dass sie selbst unzufrieden wird, wenn sie es allen anderen versucht Recht zu machen, sagte sie: „Ich weiß das, Mama. Aber ich kann es fast nicht aushalten, wenn sich andere wegen mir schlecht fühlen."

Im weiteren Gespräch erklärte sie mir, dass sie ganz bewusst auf mich Rücksicht genommen hätte, weil ich ja mit ihrem Bruder schon so viel zu tun hatte und sie spürte, wie sehr mich das belastete. Sie sagte: „Ich wollte nicht, dass du es wegen mir auch noch schwer hast."

Sie hatte die Verantwortung für meine Zufriedenheit übernommen und sich dabei hoffnungslos überfordert. Diese Überforderung brachte Wut und gegen sich selbst gerichteten Hass hervor. Ich konnte ihr dabei helfen, diese Verantwortung wieder abzugeben und schon bald waren ihre Verhaltensauffälligkeiten verschwunden.

Da auch ich mich die längste Zeit meines Lebens für die Zufriedenheit anderer Menschen verantwortlich fühlte und viele andere Menschen kannte, bei denen das genauso ist, kam die Frage auf, wann und durch welche Erfahrungen es dazu kommen kann, die eigene Zufriedenheit zugunsten der Zufriedenheit anderer zu vernachlässigen.

Wo könnten Missverständnisse entstanden sein? Gibt es so wie bei meinem Sohn auch bei meiner Tochter und mir ähnliche Kindheitserfahrungen? Ich suchte nach Gemeinsamkeiten und fand sie. Wir wollten beide zu einem Zeitpunkt in diese Welt kommen, der für unsere Eltern aufgrund der äußeren Lebensumstände ungünstig war. Wir waren beide die Erstgeborenen, wir hätten eigentlich beide noch ein älteres Geschwisterkind gehabt, wir konnten als Baby nachts nicht alleine sein und haben viel geweint, beide hatten wir Angst davor, alleine gelassen zu

werden und beide ließen wir uns nur wenigen
ausgesuchten Menschen in den Arm legen.

Eine Seele macht sich auf den Weg in diese Welt

Eigentlich ist es das Natürlichste der Welt, dass Kinder gezeugt und geboren werden. Und doch bringt schon alleine der Gedanke an Schwangerschaft eine abwechslungsreiche Palette von mitunter auch sehr gemischten Gefühlen hervor.

Alles, was wir in diesem Zusammenhang aktiv oder passiv erlebt haben, prägt unsere innere Einstellung und die damit verbundene Gefühlswelt.

Das Thema Schwangerschaft konfrontiert uns mit der Tatsache, dass nicht alles im Leben planbar und kontrollierbar ist. Es lässt uns spüren, dass es keine 100%-ige Sicherheit gibt und gleichzeitig erkennen, wie eng die Grenzen unserer Macht und unserer Möglichkeiten gesteckt sind und dass es vieles gibt, das sich mit logischem Menschenverstand nicht abschließend erklären lässt.

Es kann uns in einen bewussteren Kontakt mit unserer Einstellung zum Leben, unseren Ängsten, Hoffnungen und Erwartungen bringen.

Somit drückt schon das ungeborene Kind auf viele unserer „Knöpfe". Ungeachtet dessen ob es sich um einen Kinderwunsch oder die Entscheidung keine Kinder haben zu wollen oder eine bereits begonnene Schwangerschaft handelt. Immer wenn „Knöpfe" ins Spiel kommen ist die Wahrscheinlichkeit groß, dass Missverständnisse entstehen, weil Gedanken, Gefühle und die realen Umstände und Möglichkeiten nicht im Einklang sind.

Schon das ungeborene Kind fühlt, ob es willkommen ist oder nicht und ob es, so wie es ist, angenommen und geliebt wird oder nicht.

Angenommen und geliebt zu werden ist ein Grundbedürfnis – auch des noch ungeborenen Menschen.

Wird dieses Grundbedürfnis nicht befriedigt, können schon beim ungeborenen Kind „Knöpfe" entstehen. Diese lösen Verhaltensweisen aus, die dazu dienen, Ablehnung zu vermeiden.

Ein Beispiel:

Ein Ehepaar möchte erst noch ein paar Jahre arbeiten und sich wirtschaftlich etwas besser stellen, bevor sie eine Familie gründen. Das Kind wollte aber nicht so lange warten und die Frau wird ungewollt schwanger.

Da sie ja eh Kinder haben wollten, können sie sich beide von Herzen freuen. Allerdings ist ihnen bewusst, welchem Druck aus dem Umfeld sie ausgesetzt sein werden. Die Familie wird ihnen eine Moralpredigt darüber halten, wie verantwortungslos es ist, noch Kinder in diese Welt zu setzen und wie blöd man sich anstellen muss, um in der heutigen Zeit noch ungewollt schwanger zu werden. Auch dem neuen Arbeitgeber wird sie es sagen müssen…

Bei der Aussicht auf so viel Unannehmlichkeiten beschließt das Paar, die Schwangerschaft so lange wie nur möglich zu verschweigen. Die werdende Mutter „versteckt" ihr Kind und geht Tag für Tag mit der Angst im Bauch zur Arbeit, dass es jemand merken könnte und vor dem Tag, an dem sie es ihrem Chef wird beichten müssen.

Die werdende Mutter denkt viel über die vermeintlich bevorstehenden Vorwürfe nach. Sie hat Angst vor den Auseinandersetzungen, denen sie nicht wird entfliehen können.

Das Gefühl der Freude über die Schwangerschaft tritt in den Hintergrund und die Angst abgelehnt und verletzt zu werden nimmt Überhand.

Die Eltern sprechen viel miteinander und tragen die Argumente zusammen, warum es kein Problem ist, dass das Kind jetzt schon da ist. Gedanklich und verbal ist es willkommen, gefühlt dominiert jedoch die Angst vor Ablehnung und Verletzung. Alles ist schwierig und beide würden am liebsten aus dieser Situation flüchten.

Welche Auswirkungen könnte dies für das noch ungeborene Kind haben?

Die Mutter versteckte die Schwangerschaft, das heißt sie stand nicht zu ihrem noch ungeborenen Kind. Das Kind könnte das Gefühl haben, nicht willkommen zu sein und sich dadurch alleine gelassen fühlen.

Dies könnte dazu führen, dass das Kind schon mit „Knöpfen" geboren wird und deshalb z.B. alles dafür tun wird, um willkommen zu sein. Es wird sich so anpassen, dass es immer und überall willkommen ist, damit es nicht wieder die schmerzliche Erfahrung machen muss, alleine gelassen zu werden.

Die Eltern konnten es drehen und wenden, wie sie wollten. Es gab keine Möglichkeit es allen Beteiligten Recht zu machen. Sie waren unzufrieden mit der Situation, das Umfeld unzufrieden mit den werdenden Eltern. Die Eltern lehnten die Situation ab, in die sie geraten waren und das Umfeld die Eltern.

Auch hier könnte ein „Knopf" entstehen, der im Laufe des Lebens dieses Kindes dafür sorgen würde, dass die Erfahrung abgelehnt und verletzt zu werden dadurch verhindert werden soll, dass das Kind versuchen wird, es allen Recht zu machen und die Verantwortung für die Zufriedenheit der Menschen in seinem Umfeld zu übernehmen.

Ein Baby wird geboren

Auch hier möchte ich mit einem Beispiel arbeiten, auf das ich mich beziehen kann. Dafür werde ich an das vorangegangene Beispiel anknüpfen.

So langsam rückt der Zeitpunkt der Geburt näher. Die werdenden Eltern haben eine Hebamme gefunden, die sie einfühlsam und kompetent begleitet. Die Mutter möchte auf keinen Fall ins Krankenhaus. Bei der Vorstellung kommen die ganzen alten Gefühle und Erinnerungen an einen stationären Aufenthalt als Kind in ihr hoch.

So entscheiden sich die Eltern mit einem guten Gefühl und der dafür notwendigen inneren Sicherheit für eine Hausgeburt.

Da der Geburtsprozess ins Stocken kommt, beschließen sie nachts um zwei Uhr doch ins Krankenhaus zu fahren.

Als nach einiger Zeit alles seinen Gang geht, zieht sich die Hebamme ins Vorzimmer zurück, um sich etwas auszuruhen. Der Mutter wäre es lieber gewesen, wenn die Hebamme dabei geblieben wäre. Sie wollte aber nichts sagen. Schließlich brauchte die Hebamme nach über 10 Stunden auch eine Pause.

Der werdende Vater ist ja noch da und steht ihr liebevoll zur Seite. Trotzdem wird das Gefühl alleine gelassen zu sein immer stärker. Die Mutter hält es kaum noch aus und wartet sehnsüchtig darauf, dass die Hebamme wieder kommt. Sie will sie aber auch nicht stören und traut sich nicht nach ihr zu rufen. Schließlich hatte sie schon als Kind gelernt auf andere Menschen Rücksicht zu nehmen und weiß, was sich gehört.

Die Geburt verläuft gut und die Mutter möchte so schnell wie möglich wieder nach Hause. Das ist jedoch noch nicht möglich. Um den Flüssigkeitsverlust auszugleichen und den Kreislauf zu stabilisieren muss ein Zugang gelegt und eine Infusion angeschlossen werden.

Nachmittags muss der Vater für kurze Zeit das Krankenhaus verlassen. Die Hebamme ist auch nicht da und die Station personell unterbesetzt. Die Mutter bekommt eine Flasche Wasser und ein Glas auf den Beistelltisch gestellt und das Baby liegt in seinem Bettchen neben dem Bett der Mutter.

„Es kann dauern, bis jemand kommt, wenn sie klingeln.", waren die Worte der Krankenschwester als sie den Raum verließ.

Wieder ganz alleine! Die Mutter fühlte sich elend. Sie konnte sich nur mit unerträglichen Schmerzen in der Bauchmuskulatur bewegen, von denen sie mit Rücksicht auf das Personal und aus Angst, nicht nach Hause zu dürfen, niemandem etwas sagte. Wasser und Glas waren unerreichbar. Sie merkte, dass sie mit dem Zugang an der Hand und den Schmerzen noch nicht einmal hätte ihr Kind aus dem Bettchen holen können.

Sie fühlte sich so hilflos und alleine, wie schon lange nicht mehr. Sie hatte Durst – aber dafür klingeln? Nein, sie wollte die Schwestern deswegen nicht bei ihrer Arbeit stören. Sie hatten sicherlich wichtigeres zu tun.

Abends dürfen Mutter und Kind endlich nach Hause. Die Angst vor dem Alleine- und Hilflos-Sein wird die Mutter unterbewusst noch viele Jahre begleiten.

Was wurde aus dem Baby?

Es war ein Traumkind. Immer ruhig und zufrieden. Man konnte es überall hin mitnehmen. Eine Trotzphase gab es nicht. Auch im Kindergarten nur Lob. Es hat ganz normal geweint, wenn die Mutter weg ging und ließ sich ganz normal beruhigen. Was für ein braves und unkompliziertes Kind. In der Schule war es bei allen Lehrern gern gesehen und geliebt und stets um das Wohl der „schwächeren", benachteiligten oder jüngeren Kinder bemüht. Es wollte, so wie einige andere Kinder auch, nicht bei Freundinnen schlafen. Also auch ganz normal. Wenn die Mutter beruflich für einige Tage weg fahren musste, hat es zwar geweint und gesagt, dass es nicht alleine sein möchte und dass die Mutter da bleiben solle, hat sich aber schnell wieder beruhigen lassen. Es war ja nicht alleine Zuhause. Da waren noch der Vater und die Geschwister.

Erst 12 Jahre später, als es einen geplanten, stationären Krankenhausaufenthalt vor sich hatte, kam heraus, wie unendlich groß die Angst dieses Kindes davor war, alleine gelassen zu werden.

Die Mutter machte sich große Vorwürfe. Wie konnte sie nur so blind gewesen sein und nichts von der großen Not ihres Kindes bemerken?! Alles hatte sie als normal abgetan, auch dann, wenn Freunde sie mit Nachdruck auf die Angst des Kindes hinwiesen.

Als sie so darüber nachdachte, was ihr Kind wegen ihr in den ganzen Jahren alles durchmachen und aushalten musste, wurde der Mutter ihre eigene, kaum zu ertragende Angst vor dem Allein-gelassen-werden bewusst, die sie offensichtlich unbemerkt schon ihr ganzes Leben begleitet haben musste. In diesem Moment wurde sie mit dem ganzen seelischen Schmerz konfrontiert, den sie selbst in diesem Zusammenhang erlebt hatte.

Die unbewusste Angst mit dem eigenen Schmerz konfrontiert zu werden, hatte zu dieser Unaufmerksamkeit und der damit verbundenen Unachtsamkeit im Umgang mit den Bedürfnissen und Ängsten des Kindes geführt.

Das Kind drückte mit seiner Angst bei der Mutter auf einen „Knopf" und die Selbst-Schutz-Mechanismen lösten eine Bagatellisierung der Situation des Kindes aus.

Einige Zeit später erinnerte sich die Mutter noch an etwas, das ihr ihre Mutter immer mal wieder erzählt hatte. Auch ihre Mutter wurde während der

Schwangerschaft alleine gelassen und hat sie unter Umständen geboren, bei denen sich ihre Mutter im Kreißsaal vollkommen alleine gelassen gefühlt hatte. Aus der Art und Weise der Erzählungen war zu entnehmen, dass ihre Mutter den damit verbundenen Schmerz nie vergessen hatte.

Beim Rückblick in die eigene Kindheit erkannte sie, dass auch ihre Mutter nicht bemerkt und keine Rücksicht darauf genommen hatte, wenn sie sich als Kind allein gelassen und einsam fühlte. Das gleiche hatte sie nun mit ihrem eigenen Kind gemacht.

Wie dieses Beispiel sehr schön zeigt, können sich „Knöpfe" über mehrere Generationen weiter tragen.

In beiden Generationen drückte das Kind mit seiner Angst bei der Mutter auf einen „Knopf". Dadurch waren beide Mütter nicht mehr in der Lage, das Bedürfnis des Kindes wahrzunehmen und aktiv dafür zu sorgen, dass die seelische Belastungsgrenze des Kindes nicht überschritten wird.

Damit dieses Muster nicht an die nächste Generation weiter gegeben wird, ist es notwendig, den „Knopf" aus der Welt zu schaffen. In diesem Fall wäre es notwendig, dass sowohl das Kind als auch die Mutter ihre Angst vor dem Allein-gelassen-werden und vor allem auch <u>die Angst vor seelischem Schmerz</u> auflösen können.

In unserem Beispiel ist dies letztendlich mit Techniken gelungen, die am Verstand vorbei im Unterbewusstsein arbeiten.

Mutter und Kind durchliefen gemeinsam und doch jeder für sich alleine einen Prozess, der viele positive Veränderungen mit sich brachte.

Heute kann das Kind „Nein" sagen und sich erst um seine eigenen Bedürfnisse kümmern. Für das Umfeld ist es jetzt allerdings nicht mehr das unkomplizierte, angepasste Kind. Es ist auf eine gesunde Art und Weise unbequem geworden, weil es gelernt hat, laut auszusprechen, was ihm wichtig ist. Es sagt, was es denkt und wehrt sich mit klaren Worten. Erfährt es Ablehnung oder Kritik, wird es zwar traurig aber nicht mehr handlungsunfähig. Klassenfahrten sind kein unüberwindbares Problem mehr und es traut sich auch bei einer Freundin zu übernachten.

Auch für die Mutter wurde einiges anders. Das Wissen um ihre Angst allein gelassen zu werden und den damit verbundenen Schmerz ließ sie verstehen, warum in ihrem Leben so viel schief gelaufen war. Sie konnte alles so annehmen, wie es gelaufen ist und hörte auf sich selbst und den beteiligten Menschen deswegen Vorwürfe zu machen.

Für beide ging ein langer Leidensweg zu Ende. Die Wahrscheinlichkeit, dass es gelungen ist dieses Muster zu unterbrechen und dass die nächste Generation von so tief einschneidenden Erfahrungen

des Allein-gelassen-werdens verschont bleiben wird,
ist sehr groß.

Die ersten Lebensmonate

Sie sind sehr prägend und ausgesprochen anfällig für Missverständnisse an der Schnittstelle der Wahrnehmungsebenen zwischen Erwachsenen und Kindern. Die „Knöpfe" der Erwachsenen sind in dieser Zeit meistens besonders empfindlich, wodurch Herz und Verstand öfters mal getrennte Wege gehen.

Vielleicht nochmals zur Erinnerung meine ganz persönliche Sichtweise:

Das Baby ist, was es fühlt. Für eine Seele, die gerade erst in einem Baby-Körper das Licht der Welt erblickt hat, ist es noch das Selbstverständlichste der Welt, geliebt und angenommen zu werden und wertvoll zu sein, genau so wie sie ist. Annahme, Wertschätzung und Liebe müssen aus ihrer Sicht nicht erst verdient werden.

Das Kind wird erzogen zu dem, was es sein soll. Beim Heranwachsen erfährt das Menschenkind Konditionierungen. Das Einhalten von Verhaltensregeln über verstandesmäßiges Kontrollieren von Handlungen zu erlernen, nimmt hier viel Raum ein. Die damit einher gehenden Misserfolge sind meistens ein Großangriff auf das Selbstwertgefühl des Kindes. Es lernt, dass es nur dann angenommen wird und für wertvoll und liebenswert gehalten wird, wenn es den Erwartungen und Anforderungen der „Stärkeren" in seinem Umfeld, von denen es abhängig ist, entspricht.

Erwachsene sind, was sie denken, wie sie zu sein haben. Die meisten Erwachsenen vertrauen ihrem Verstand mehr als ihrem Gefühl. Der Verstand sagt, was richtig und falsch, gut und schlecht ist. Er glaubt, dass Annahme, Wertschätzung und Liebe nur guten Menschen zustehen, die alles richtig machen.

Welche Missverständnisse könnten beispielsweise mit Blick auf die bestehenden Konditionierungen der Eltern in den ersten Lebensmonaten entstehen?

Als Beispiel habe ich mir die Konditionierung ausgesucht, dass Babys ab einem bestimmten Alter durchzuschlafen haben.

Ich lade Sie ein sich in die Lage einer jungen Mutter zu versetzen, die vor einiger Zeit ihr erstes Kind zur Welt gebracht hat.

Diese junge Mutter hatte als Mädchen mit Babysitten nichts am Hut. Sie hatte bis zur Geburt ihres eigenen Kindes keine Erfahrung im Umgang mit Babys gemacht – außer eine einzige. Im Alter von 13 Jahren hatte sie sich von Bekannten ihrer Mutter überreden lassen, abends auf deren Baby aufzupassen. Es wäre kein Problem, wenn es schläft, dann schläft es bis zum nächsten Morgen durch, sagten sie. Mit sehr gemischten Gefühlen sagte das Mädchen zu, um den Bekannten den Ausgang zu ermöglichen. Kaum waren die Eltern des Babys aus der Türe, ist dieses aufgewacht, hat die Windel voll gemacht und fing an zu schreien. Naja, wickeln kann ja nicht so schwierig sein, wenn man sich merkt, wie die Pampers vorher zu war, dachte das Mädchen. Unter dem Strampler waren aber keine Pampers sondern Stoffwindeln. Das Mädchen hatte keine Ahnung, was es jetzt machen sollte. Es zog das Baby wieder an und legte es zurück in sein Bett. Das Baby schrie und das Mädchen konnte es weder beruhigen noch ihm eine frische Windel anziehen. Es war mit der Situation hoffnungslos überfordert, fing an zu weinen und wollte einfach nur noch nach Hause. Aber es musste ja bei dem Baby bleiben. Irgendwann schlief das Baby ein, kurz darauf kamen die Eltern nach Hause. Schnell war raus, dass das Baby in einer vollen Windel lag und viel geschrien haben muss. Dann gab es eine Moralpredigt darüber, warum sich das Mädchen nicht ordentlich um das Baby gekümmert hätte, das wäre ja schließlich nicht so schwierig und man müsste sich schon darauf verlassen können, dass alles klappt. Bis der wunde Po des Babys wieder heile sei, würden einige Tage vergehen.

Das Baby dieser jungen Mutter ist inzwischen schon ein paar Monate alt. Sie gibt ihr Bestes, um alles richtig zu machen, ist aber aufgrund der fehlenden Erfahrung sehr unsicher. Alle anderen Kinder im Umfeld, die ungefähr zur gleichen Zeit geboren wurden, schlafen bereits seit längerer Zeit durch. Nur ihr Kind will nicht einschlafen, weint abends viel und wird jede Nacht mehrmals wach.

Die Nachbarn haben sich inzwischen schon mehrfach beschwert und sie aufgefordert etwas zu unternehmen. Schließlich ist das Baby in einem Alter, in dem es schon längst durchschlafen müsste.

Sie ist ratlos und spricht mit anderen Müttern über ihre Schwierigkeiten. Nun wird diese Mutter von gutgemeinten, sich oft auch noch widersprechenden Ratschlägen überhäuft. Von verschiedenen Seiten wird sie darauf aufmerksam gemacht, dass mit ihrem Kind etwas nicht stimmen könnte und dass das dringend abgeklärt werden müsste.

So wird diese junge Mutter nach und nach immer unsicherer, ob sie denn wirklich alles richtig macht und überlegt, was sie denn womöglich falsch gemacht haben könnte. Wer hatte Recht? Welche Ratschläge waren richtig? Wem sollte sie vertrauen? Sie probierte alles aus, aber nichts half.

Nach einiger Zeit war sie so verunsichert, dass sie sich hilf- und machtlos fühlte, wenn ihr Kind abends weinte und nicht schlafen wollte. Offensichtlich machte sie doch etwas falsch, bei den anderen Müttern klappte es doch auch, nur bei ihr nicht. „Das sind halt bessere Mütter als ich." dachte sie so bei sich.

Inzwischen hat die junge Mutter morgens schon Angst davor, dass ihr Kind abends wieder „Stress" machen würde. Aus dieser Angst heraus lehnt sie die SITUATION ab, mit der sie abends wieder konfrontiert sein würde. Sie wird innerlich immer unruhiger und unzufriedener. Das Kind fühlt, was die

Mutter fühlt und wird ebenfalls immer unruhiger. Nun weint es auch tagsüber immer häufiger.

„Nein, nicht schon wieder. Ich will nicht mehr und ich kann nicht mehr." denkt und fühlt die Mutter bei jedem erneuten Weinen ihres Kindes.

Ist das Baby ausnahmsweise zufrieden, ist die Mutter heilfroh. Ihr fällt ein Stein vom Herzen. Sie fühlt sich wohl und ist auch zufrieden. Aber die Angst, dass der Frieden nicht lange anhalten und ihr Baby wieder schreien könnte, sitzt ihr tief im Nacken. Irgendwann würden sicherlich auch die Nachbarn wieder vor der Türe stehen und sich beschweren…

Was macht diese Situation mit dem Baby?

Für das Kind war es ursprünglich etwas völlig natürliches, nicht schlafen zu können und sein „sich unwohl fühlen in seiner Haut" durch weinen auszudrücken. Es weiß nichts davon, dass das falsch sein könnte, weil es schon gelernt haben müsste, schön brav durch zu schlafen.

Durch die Erfahrung als 13-jähriges Mädchen war bei der Mutter ein „Knopf" entstanden. Abends auf ein Baby aufzupassen löst <u>unbewusste</u> Ängste aus. Sie hatte etwas erlebt, das sie nie mehr erleben wollte. Sie fühlte sich damals überfordert, allein gelassen, hilflos und machtlos. Obwohl sie ihr Bestes gegeben hatte, um alles richtig zu machen, wurde sie gedemütigt und tief verletzt.

Ohne es selbst zu merken hat sie Angst davor abends mit einem Baby alleine zu sein. <u>Unterbewusst</u> empfindet sie eine tiefe Ablehnung gegen diese SITUATION.

Wenn wir unter Stress stehen, wird der Zugang zu unserer Wahrnehmung über das Gefühl stark beeinträchtigt. Das Baby teilt seine Bedürfnisse über das Gefühl mit, erreicht aber die gestresste und belastete Mutter nicht.

Die gefühlte Rückmeldung auf das ausgesandte Bedürfnis ist Ablehnung.

Da das Baby nicht weiß in welchem Kontext diese gefühlte Ablehnung steht, fühlt es sich selbst abgelehnt und ungeliebt. Es wird immer unruhiger, weil sein Grundbedürfnis angenommen und geliebt zu werden, <u>so wie es ist</u>, nicht erfüllt wird.

Dieses Grundbedürfnis wird jedoch erfüllt, wenn es nicht schreit. Dann fühlt es die Zufriedenheit der Mutter. Die Mutter begrüßt die SITUATION DER RUHE. Das Kind fühlt sich willkommen und angenommen.

Durch die Wiederholung der Situationen lernt es: Wenn ich weine, werde ich abgelehnt. Das tut weh. Ich darf nicht weinen, wenn ich angenommen und geliebt werden möchte.

So lernt es schon früh, dass Annahme und Liebe von Bedingungen abhängig sind.

Welche Möglichkeiten gäbe es, in der beschriebenen Ausgangssituation das Entstehen dieses Missverständnisses zu verhindern?

Die Hauptursache liegt beim „Knopf", auf den die abendliche Situation mit dem Baby drückt. Wenn die Mutter sich daran erinnern würde, was sie erlebt hatte und welche Gefühle sie dabei hatte, könnte sie sich auf den Weg machen, die Angst vor der Wiederholung aufzulösen, also den „Knopf" zu entschärfen.

Dies hätte zur Folge, dass sie entspannt in den Abend gehen könnte. Es gäbe keine Ablehnung der Situation mehr, abends mit einem Baby alleine zu sein. Das Weinen ihres Babys würde keinen unterbewussten Stress mehr verursachen und sie könnte es mit einem guten Gefühl aushalten und für ihr Kind da sein. Die Wahrnehmung für ihre eigenen Bedürfnisse und die des Kindes wäre entsprechend ihrer individuellen Möglichkeiten vorhanden. Sollte sie an ihre Grenzen stoßen, bliebe sie trotzdem noch handlungsfähig. Vielleicht würde sie das Kind mit einem guten Gefühl und ein paar lieben, erklärenden Worten für ein paar Minuten ablegen und sich eine Auszeit gönnen.

Das Baby würde dann zwar rein äußerlich betrachtet auch „abgelehnt". Da die Mutter aber die Situation, so wie sie ist, annimmt und mit gutem Gefühl für sich und ihre Bedürfnisse sorgt, entsteht keine gefühlte Ablehnung.

Die gefühlte Rückmeldung für das Baby ist Annahme. Die Mutter sorgt gut für sich, um wieder entspannt und mit gutem Gefühl für ihr Kind da sein zu können. Die gefühlte Rückmeldung für das Baby ist Wertschätzung und Liebe.

Das Baby würde schon früh den achtsamen und bewussten Umgang mit seinen eigenen Bedürfnissen und Gefühlen und denen seines Umfeldes lernen.

Dies wiederum wäre eine Voraussetzung dafür, dass im Laufe des Lebens KEINE „Knöpfe" entstehen können.

Diese „Knöpfe" entstehen immer nur dann, wenn seelische Belastungsgrenzen aktiv oder passiv missachtet werden!

Aktiv heißt, wenn man gegen sein eigenes Gefühl handelt und z.B. etwas tut, weil der Verstand der Meinung ist, dass das so sein müsste oder nur so richtig wäre.

Passiv heißt, wenn man sich nicht dagegen wehren kann, dass andere Menschen die eigenen Bedürfnisse missachten und wir Situationen durchleben müssen, die uns verletzen.

Die daraus entstehende Hilf- und Machtlosigkeit kann einen Menschen in eine tiefe Verzweiflung stürzen und ihn möglicherweise so wütend machen, dass er in seiner eigenen großen Not alle Verhaltensregeln vergisst…

Begleiten statt erziehen

Bevor es meinen Kindern gelungen ist, mir ihre Art und Weise der Wahrnehmung über die innere Welt der Gefühle zu erklären, war ich der Überzeugung, dass Kinder gut erzogen werden müssen.

Ich bin auch heute noch der Überzeugung, dass Kinder mit Umgangsformen und Verhaltensregeln vertraut sein und diese aktiv leben können sollten.

Bei meiner Einstellung bezüglich der Art und Weise, wie man diese Umgangsformen ans Kind bringen kann, hat sich allerdings sehr viel verändert.

In der Regel erziehen wir überwiegend so, wie wir selbst erzogen worden sind. Das muss sich nicht zwingend in den äußeren Handlungen zeigen, es bezieht sich viel mehr auf die innere Einstellung, mit der wir erziehen.

Mit dem Wissen um die Entstehung von „Knöpfen" und deren Auswirkung auf unser Handeln und Fühlen lässt sich die oben genannte Aussage gut nachvollziehen.

Aufgrund der Art und Weise wie ich erzogen wurde und was ich so alles auf meinem Lebensweg erlebt habe, hatten es meine Kinder mit einigen hochempfindlichen „Knöpfen" zu tun.

Das tut man nicht, das sagt man nicht, das gehört sich nicht, es wird gemacht was ich sage, was werden die anderen Leute von mir denken, wenn du dich so benimmst und so dumme Fragen stellst, du bist schuld, dass es mir so schlecht geht bis hin zu so mancher Handgreiflichkeit wegen Widerworte und Respektlosigkeiten und noch so einiges mehr gehörten zu meinem kindlichen Alltag.

Oder anders ausgedrückt, ich befand mich regelmäßig in Situationen, denen ich hilf- und machtlos ausgeliefert war und in denen meine seelischen Belastungsgrenzen missachtet und massiv überschritten wurden.

Wenn wir beim Heranwachsen keine Chance hatten den achtsamen und bewussten Umgang mit unseren eigenen Gefühlen und Bedürfnissen zu trainieren und dadurch unsere ganz persönlichen seelischen Belastungsgrenzen weder kennen noch annehmen und geschweige denn respektieren lernen konnten, wird es uns kaum gelingen mit gutem Gefühl für uns selbst sorgen zu können.

Wollen wir Kinder beim Heranwachsen zu eigenverantwortlichen, selbstbewussten und lebensfrohen Menschen begleiten, ist die Fähigkeit unsere eigenen Grenzen zu kennen und auf achtsame Art und Weise zu „verteidigen" der Schlüssel zum Gelingen.

Für die Kinder ist das, was sie von uns Erwachsenen fühlen so real, wie für uns Erwachsene das, was wir von den Kindern sehen oder hören.

Zu dem, was wir Erwachsenen verstandesmäßig argumentieren, haben kleine Kinder genau so wenig Zugang, wie wir Erwachsenen in der Regel zur Gefühlswelt der Kinder.

Die meisten Erwachsenen und Kinder sind auf zwei unterschiedlichen Ebenen unterwegs. Ich für meinen Teil finde es sehr wichtig, den Kindern immer wieder zu sagen, dass wir uns in unserer Wahrnehmung der Welt grundlegend unterscheiden können.

Wie sieht das Ganze denn nun praktisch umgesetzt im alltäglichen Zusammenleben aus?

Da es um die innere Einstellung und die damit verbundenen Gefühle geht, werde ich auch hier mit einem Beispiel arbeiten.

Eine Situation, die mir seit längerer Zeit fast jeden Morgen begegnet, dürfte für den Einstieg ganz gut geeignet sein.

Meine jüngste Tochter liebt es, sich schick anzuziehen. Sie möchte jeden Morgen mit dem allerbesten Sonntagskleidchen in den Kindergarten gehen. Ich möchte, dass sie Sachen anzieht, die kaputt gehen dürfen. Damit haben wir zwei Bedürfnisse, die sich schlecht unter einen Hut bringen lassen.

Nun gibt es verschiedene Möglichkeiten. Ich könnte ihr alte Sachen hinlegen und darauf bestehen, dass sie diese anzieht. Schließlich bin ich die Mutter, das heißt ich bestimme und sie hat zu tun, was ich sage. Über den Protest, den ich damit auslösen würde, könnte ich mich ärgern und mich darüber aufregen, dass sich das Kind weigert das zu tun, was ich ihm sage und sein Verhalten für respektlos halten.

Wie sieht es bei dieser Möglichkeit mit meiner inneren gefühlten Welt aus, die vom Kind in erster Linie wahrgenommen wird?

Ärgern und aufregen können wir uns nur über etwas, das wir ablehnen. Also hätten wir hier das Gefühl der Ablehnung, welches das Kind direkt auf sich beziehen wird.

Das Bedürfnis des Kindes wird für weniger wichtig beziehungsweise weniger wert als das Bedürfnis der Mutter angesehen. Auch das Gefühl weniger wert zu sein wird das Kind auf sich beziehen.

Da es an Verständnis für das Bedürfnis des Kindes fehlt, werden der Tonfall und die Worte auch nicht gerade freundlich gewesen sein. Das fehlende Verständnis entsteht aus fehlender Liebe. Also fühlt sich das Kind noch zusätzlich ungeliebt.

Das Kind hat keine Möglichkeit selber dafür zu sorgen, dass es mit einem guten Gefühl aus dieser Situation heraus kommt. Sobald es versucht seinem Bedürfnis Gehör zu verschaffen, erntet es Ablehnung, Abwertung und Lieblosigkeit. Es ist der Situation machtlos ausgeliefert und muss zulassen, dass seine Grenzen überschritten werden.

Es gibt aber auch die Möglichkeit, dass ich dafür Sorge trage, dass das Kind mit gutem Gefühl in alten Sachen zum Kindergarten geht.

Dafür ist es notwendig, dass ich meine persönlichen Grenzen ganz klar habe. In diesem Fall möchte ich nicht, dass alle guten Sachen im Kindergarten kaputt gehen und ich ständig neue kaufen muss. Also ist ganz klar, dass es keine Sonntagskleidung für den Kindergarten gibt.

Zusätzlich ist es notwendig, dass ich diese tägliche Diskussion um die Anziehsachen gelassen nehme. Es ist im Moment halt einfach so, irgendwann ist es auch wieder anders. Also etwas früher aufstehen und etwas mehr Zeit einplanen.

Dann sorge ich dafür, dass meine Tochter eine Wahl hat. Dabei ist es wichtig, dass ich bei dem, was ich ihr da anbiete selber ein gutes Gefühl habe.

So erkläre ich ihr z.B., dass ich verstehen kann, dass sie gerne schick ist. Ich würde mich ja auch gerne schick machen, wenn ich etwas Besonderes vor hätte. Zum Spielen wäre es aber viel praktischer, nicht so gute Sachen anzuziehen.

Ich stelle ihr in Aussicht, dass sie die guten Sachen gerne nach dem Kindergarten zu Hause anziehen darf. Für den Kindergarten selbst, soll sie sich aber bitte andere Sachen aussuchen. Ich gebe ihr die Möglichkeit aus verschiedenen Angeboten auszu- wählen. Dabei suche ich ganz gezielt schöne Sachen aus, bei denen es mir egal ist, wenn sie kaputt gehen. Ich sage ihr auch, dass ich extra etwas schönere Sachen für sie aus dem Schrank geholt habe.

Sollte sie sich auf stur stellen und sich weigern etwas anderes auszusuchen, werde ich etwas für sie aussuchen. Sollte sie sich weigern, die Sachen anzuziehen, werde ich ihr beim Umziehen helfen.

Das alles jedoch ohne die Situation, durch die wir gerade durch müssen und das trotzige Verhalten des Kindes abzulehnen.

Es ist ihre Art und Weise in diesem Moment zu sagen, ich bin nicht damit einverstanden. Das kann ich verstehen und mit gutem Gefühl annehmen.

Sie muss zeigen dürfen, dass sie unglücklich ist. Mit weinen, schimpfen und stampfen fügt sie niemandem Schaden zu. Ich kann das aushalten und sie versuchen zu trösten. Meistens geht sie auf das Angebot ein, dass ich sie in den Arm nehmen und knuddeln könnte.

Wie sieht es bei dieser Möglichkeit mit meiner inneren gefühlten Welt aus, die vom Kind in erster Linie wahrgenommen wird?

Da ich die Situation so annehme, wie sie ist und keine Ablehnung aufkommen lasse, fühlt das Kind sich angenommen.

Mit der **authentischen** Aussage, dass auch ich mich gerne schick mache, bringe ich zum Ausdruck, dass ihr Bedürfnis gleichwertig ist wie mein Bedürfnis. Das Kind fühlt sich wertvoll.

Zum Verständnis für die Situation und die Reaktion des Kindes und deren bedingungslose Annahme gehört das Gefühl der Liebe. Das Kind fühlt sich geliebt.

Rein äußerlich betrachtet haben wir in beiden Fällen das Gleiche erreicht. Das Kind zieht die guten Sachen nicht in den Kindergarten an.

Bei der ersten Variante wurde das Grundbedürfnis nach bedingungsloser Annahme und Liebe missachtet. Das Kind fühlt sich unverstanden und alleine gelassen.

Auch bei der zweiten Variante wird das Kind unter Umständen etwas traurig und unglücklich sein. Sein Grundbedürfnis so angenommen und geliebt zu werden, wie es ist, wurde jedoch respektiert.

Es hat das Gefühl <u>nicht</u> alleine zu sein, weil ich die ganze Zeit in Kontakt mit meinen Gefühlen geblieben bin ohne irgendetwas abzulehnen oder zu bewerten. Das Kind ist ebenfalls die ganze Zeit in Kontakt mit meinen Gefühlen gewesen. Somit war das, was ihm in der äußeren sichtbaren Welt begegnet ist im Einklang mit seiner inneren gefühlten Welt.

Vor einiger Zeit bin ich in einem Fachbuch[1], welches sich mit Einsamkeitserfahrungen in der Kindheit beschäftigt, auf den Begriff der „Sozialen Mindestgeste" gestoßen.

In diesem Buch wird sehr schön dargelegt, wie kindliche Einsamkeit entsteht, welche Konsequenzen sie hat und worin unsere Verantwortung besteht. Es werden Wege aufgezeigt, die es ermöglichen Einsamkeitserfahrungen zu verhindern.

Die „Soziale Mindestgeste" meint unter anderem eine aufmerksame, wertschätzende, verstehende, authentische, kontinuierliche, emotional genügende und entgegenkommende liebevolle Hinwendung verantwortungsbewusster, relevanter Bezugs-personen an die Grundbedürfnisse eines Kindes[2] von Geburt an (Herbst S. 88).

Die „Soziale Mindestgeste" beansprucht aus ihrem ethischen Selbstverständnis heraus den Status einer Selbstverständlichkeit (Herbst S. 89).

Jede Vorenthaltung einer „Sozialen Mindestgeste" kann demnach die Gefahr in sich bergen, Kinder[2] wiederholten Einsamkeitserfahrungen auszusetzen (Herbst S. 89).

---

[1] „Die kindliche Einsamkeit", Dr. Thorsten Herbst, Junfermann Verlag 2010

[2] generell übertragbar auf alle Menschen, also auch die Erwachsenen

Grenzen setzen

Nun wäre noch die Frage offen, ab wann und wie weit Kinder selbst bestimmen dürfen.

Für „Erziehung" gibt es kein Patentrezept.

Es geht grundsätzlich darum, die Kinder so zu begleiten, dass sie die Erfahrungen auf ihrem Entwicklungsweg machen können, die gerade dran sind.

Kinder sind neugierig und es liegt in ihrer Natur, dass sie lernen wollen. Kinder lernen durch ausprobieren. Sie denken vorher nicht großartig darüber nach, was das für Konsequenzen haben könnte. Wenn sie es ausprobiert haben, sind sie um eine Erfahrung reicher.

Wir Erwachsenen hingegen denken oft lange nach bis wir uns trauen, etwas Neues auszuprobieren. Schließlich wollen wir unangenehme Erfahrungen vermeiden.

Wenn wir Kinder auf ihrer Entdeckungsreise durchs Leben begleiten, stehen wir immer wieder neu vor der Herausforderung entscheiden zu müssen, ob wir ein Kind machen lassen oder ob wir Grenzen setzen. Wir befinden uns immer wieder neu in der Situation abklären zu müssen, was wir ihnen zutrauen können, dürfen und sollten und wann sie überfordert wären, wenn wir sie einfach frei entscheiden und machen lassen würden.

Auch hier geht es wieder um die Wahrung von Bedürfnissen. Das Kind möchte lernen und wir verhindern, dass es dabei zu Schaden kommt.

Es liegt in unserer Verantwortung sie innerhalb schützender Rahmenbedingungen beim Sammeln von Erfahrungen zu begleiten und ihnen nicht jeden Stolperstein von vorne herein aus dem Weg zu räumen.

Da Bedürfnisse über das Gefühl wahrgenommen werden, ist es am sichersten, sich auf sein eigenes Gefühl zu verlassen.

Wenn es sich komisch anfühlt, ein Kind alleine die Treppe runter gehen zu lassen, dann sollte man nachfühlen, warum das so ist und ob dieses komische Gefühl berechtigt ist. Vielleicht ist es nur eine alte Angst, die nicht mehr berechtigt ist, weil das Kind dieser Aufgabe inzwischen schon gewachsen ist.

Sollte das komische Gefühl bleiben, würde ich mir etwas einfallen lassen, damit mein Bedürfnis nach Sicherheit für das Kind auf eine Art und Weise befriedigt werden kann, bei der das Selbstwertgefühl des Kindes unangetastet bleibt. Da das Kind fühlt, was ich fühle, ist besondere Achtsamkeit bei der inneren Einstellung angebracht, damit die Fähigkeiten des Kindes nicht unterschätzt werden.

Die Fähigkeiten des Kindes zu überschätzen, würde eine Überforderung nach sich ziehen – also eine passive Überschreitung von seelischen Belastungs-grenzen.

Sicherlich würde ich nicht tatenlos daneben stehen und zusehen wie ein Kind auf die heiße Herdplatte fasst, damit es die Erfahrung machen kann, wie sich eine Verbrennung anfühlt.

Da, wo meine ganz persönliche Grenze dessen ist, was ich mit gutem Gefühl zulassen kann, werde ich die Grenze setzen. Es wäre also individuell vom Kind und von der Situation abhängig, wie nahe ich dieses Kind an die heiße Herdplatte kommen lassen und wann und wie ich Stopp sagen würde.

Es gibt viele verschiedene Möglichkeiten Stopp zu sagen. Für alle möglichen Varianten von der Macht eines Erwachsenen Gebrauch zu machen gilt jedoch, das Grundbedürfnis eines anderen Menschen nach Annahme, Wertschätzung und Liebe zu respektieren.

Grenzüberschreitende Umgangsformen

Besonderer Achtsamkeit bedarf es bei Umgangsformen, die Höflichkeit, Respekt oder geliebt werden
zum Ausdruck bringen sollen.

In meinem beruflichen Alltag erlebe ich immer
wieder, dass mir die Kinder zur Begrüßung oder
Verabschiedung keine Hand geben oder dass sie mir
beim Handgeben nicht in die Augen schauen
möchten.

Die Reaktion der Mütter auf das Verhalten ihrer
Kinder ist durch die Bank die Aufforderung mich
ordentlich, so wie es sich gehört, zu begrüßen oder
zu verabschieden.

Wenn ich dann sage, dass dies nicht nötig ist, weil es
so in Ordnung ist, wie es ist, stoße ich in der Regel
auf gefühlten und meist auch ausgesprochenen
Widerstand.

Zu diesem Widerstand gehört das Gefühl der
Ablehnung.

Die innere Einstellung der Mütter ist, mein Kind weiß
nicht, was sich gehört. Es hat etwas falsch gemacht.

Das zu dieser Einstellung gehörende Gefühl ist
weniger-wert-sein, also Abwertung.

Durch das fehlende Verständnis und Einfühlungsvermögen für das Verhalten des Kindes fehlt die

Anwesenheit des Gefühls der Liebe. Es fühlt sich ungeliebt.

Das Kind bezieht, wie in allen anderen Beispielen auch, diese Gefühle auf sich.

Das heißt, das Grundbedürfnis des Kindes bedingungslos geliebt und angenommen zu werden, so wie es ist, wird missachtet.

Wenn wir ein Kind in dieser Situation zwingen, die Umgangsformen einzuhalten, ist das massiv grenzüberschreitend!

Das Kind zeigt mit seinem Verhalten einfach nur, dass ihm so viel Nähe (aus welchen Gründen auch immer) unangenehm ist. Das hat nichts mit fehlendem Respekt zu tun und auch nichts damit, dass das Kind nicht weiß, wie man sich benimmt.

Das Kind hat ein Bedürfnis. Dieses Bedürfnis heißt: „Komm mir bitte nicht zu nahe. Ich möchte das im Moment nicht." Hinter diesem Bedürfnis verbirgt sich meistens Angst – also ein „Knopf".

Wird dieses Bedürfnis missachtet, wird das Kind überfordert, es fühlt sich unverstanden und alleine gelassen.

Das gleiche gilt für die Aufforderung, dem Onkel oder der Tante einen Kuss zu geben oder bei jemandem auf dem Schoß sitzen zu bleiben, obwohl ein Kind signalisiert, dass ihm das unangenehm ist.

Auch die Umgangsform, dass man sich in die Augen sieht, wenn man miteinander spricht, gehört zu den grenzwertigen Angelegenheiten.

Hier ist viel Achtsamkeit im Umgang mit Gefühlen und Bedürfnissen angesagt.

Es fällt auch in den Bereich der Grenzüberschreitungen, wenn es darum geht, ein Baby weiterhin allen Leuten, die es haben wollen, in den Arm zu legen, nur weil man z.B. nicht „nein" sagen möchte, obwohl es schon wiederholt durch weinen gezeigt hat, dass es sich dabei nicht wohl fühlt.

Aufgrund der Struktur unserer Gesellschaft sowie unseres Schul- und Bildungssystems, welches auf die individuellen Leistungs- und Belastungsgrenzen der Menschen keine Rücksicht nimmt, sind Kinder wie auch Erwachsene täglich passiven Überschreitungen ihrer seelischen Belastungsgrenzen ausgesetzt.

Wenn wir unsere Kinder dazu zwingen Umgangsformen einzuhalten, weil es sich für anständige Menschen so gehört oder sich in starren Strukturen aufzuhalten, die ihren Bedürfnissen nicht gerecht werden und in denen sie sich nicht wohl fühlen, zahlen wir letztendlich einen sehr, sehr hohen Preis dafür...

Missbrauch

Immer öfter hören wir in den Nachrichten von sexuellem Missbrauch von Kindern.

Ich möchte hier auf eine Besonderheit hinweisen, die sich aus der Tatsache ergibt, dass die Kinder die Gefühle der anderen Menschen meistens uneingeschränkt fühlen können.

Ein Kind kann auch ohne auf der Körperebene tatsächlich erfolgten Übergriff die Erfahrung eines sexuellen Missbrauchs machen.

Gedanken erzeugen Gefühle. Diese Gefühle kommen bei unseren Kindern an. Auch wenn ein solcher Übergriff „nur" im Kopf eines Erwachsenen stattfindet, während sich das Kind in seiner Nähe aufhält, kann es sich für das Kind so anfühlen, als wäre es tatsächlich geschehen. Es fühlt das Haben-wollen, das Benutz-werden und die Missachtung seiner Grenzen und Grundbedürfnisse. Der Versuch sich räumlich zu distanzieren, weil es sich in der Nähe dieses Menschen nicht wohl fühlt, wird ihm nicht wirklich helfen. Gedanken und Gefühle haben eine große Reichweite. Es wird ihm höchst-wahrscheinlich nicht gelingen, sich dieser gefühlten Grenzüberschreitung zu entziehen. Auch hier ist es der Situation machtlos ausgeliefert, was zu tiefen seelischen Verletzungen führen kann.

Im späteren Leben kann es unter Umständen mit den selben Herausforderungen konfrontiert sein, wie es bei Opfern von tatsächlich erfolgten sexuellen Übergriffen der Fall ist. Nur dass sich hier bei allem Suchen und Forschen in der Vergangenheit nichts wird finden lassen.

Leider können wir nicht in die Köpfe der Menschen gucken. Aber wir sehen das Verhalten eines Kindes. Wenn wir bereit sind, mit dem Herzen zu schauen, also über unser eigenes Gefühl eine enge und vertrauensvolle Verbindung einzugehen, werden wir die Ursache für das Verhalten eines Kindes erspüren und es gegebenenfalls aus seiner misslichen Lage befreien können.